愛情測驗

好好玩

彩色隨身版

腦力&創意工作室◎編著

前 言 *Introduction*

我愛的人愛我嗎？愛幾分？身邊的他，會不會見異思遷？面對意味深長的微笑，我可不可以不再猜測？沉默背後隱含的訊息，睡夢中莫名的驚悚，為了那份清澈似水的愛情，我可不可以不再忐忑？想不想更瞭解自己？想不想當別人肚子裡的蛔蟲？打開這本愛情心理測驗，數十個高招妙測讓你輕鬆破解愛情的密碼，看透她和他還有你自己的心思。你要的浪漫、你要的愛情、你要的婚姻、你要的性愛在一瞬間輕鬆擁有，生活原來如此美妙！

親愛的讀者朋友們，當你在書店看到一本關於心理測驗的書時，是不是想先睹為快呢？可是當你打開書時卻發現，為了得到一個結論，你必須先回答十幾個甚至幾十個問題，何其繁也，何其煩也！當測驗變成了考試，當引導變成了誘導，興趣沒了！熱情沒了！好的心情也隨之沒了！所以本書將承諾，你只要一個選擇，便可以得到一個滿意的結論！每一個問題的回答無需太多的思考，只需你真實的第一反應。另外，書中大部分題目都是由輕鬆幽默的故事引出的，每道題後面都有心理解析，提供心理測驗

所依據的原理，讀過之後，你不僅能夠學一點心理學的知識，甚至還可以根據這些原理舉一反三設計出新的心理測驗，用這些有趣而簡明的試題來測測你的家人、朋友、同學、同事，引以為樂、開開玩笑，不亦樂乎！

這些愛情心理測驗是建立在心理學基礎上的娛樂，它以詼諧的測驗情景進入測驗，融合了獨具見解的個性分析，高興時你可以對號入座，愁悶時你可以付之一笑。當你在清風徐徐、明月當空之際，翻開這本書，就像拿起充滿神祕色彩的塔羅牌，模仿遙遠時代的占星術，來傾聽自己、審視他人、預測婚姻和愛情。

TABLE OF CONTENTS

阿凡提的陶罐

月黑風高之夜，阿凡提的家裡突然闖進了幾個菜鳥強盜。他們翻箱倒櫃一通胡折騰，可是什麼值錢的東西也沒有找到。當他們垂頭喪氣地來到院子裡時，卻意外地發現了一個刻有圖案的陶罐，陶罐裡裝著東西，妳認為裡面的東西是什麼呢？

測一測　妳是否容易受騙？

【心理解析】這個測驗是針對女孩子設計的，在庭院中刻有圖案的陶罐裡面所裝的物品，就是妳會不知不覺原諒男性的最軟弱的表徵。面對愛情，可愛的女生一定要提高警覺了，有時候愛情可能是一場遊戲，需要妳睜大眼睛，仔細看看身邊的那個人，究竟是表裡如一的男子漢，還是衣冠楚楚的偽君子。透過這個測驗，可以幫助妳找到愛情的死穴，識破各類男子的騙術，正所謂，知彼知己才能百戰百勝！

看一看

選擇A

很遺憾地告訴妳，妳中招了。妳是一位天真無邪，以為全天下都是好人的夢幻少女，男人隨便一句甜言蜜語或者是稍稍表示出浪漫溫柔一點，妳就會奮不顧身地墜入情網。同時，妳還是愛情肥皂劇的忠實FANS，

整日夢想著有朝一日醜小鴨能夠變成白天鵝，愛情與金錢雙雙豐收。只要有男人吹噓自己多有錢，名下有多少不動產，妳的大眼睛立刻為之一亮，釋放款款深情。在對方糖衣炮彈的攻擊下，妳很快就會神魂顛倒，像被催眠般不肯清醒，甚至被別人給賣了，還在那裡樂呵呵地數錢呢！這類型的人只要一談戀愛就不管工作了，愛情就是妳的罩門，所以要特別小心。

選擇B

很容易受對方的家世所矇蔽，不僅如此，那些看似學識淵博的男性也會讓妳深深地為之傾倒。此類型的女生面對那些幽默風趣、見多識廣，外加舌燦蓮花型的男人，真是躲也躲不了啦！尤其是對於自己熱衷的話題，往往會敞開心扉，迫不及待地洗耳恭聽，如果對方投其所好，這個小女生就會由崇拜而轉為愛慕之情，開始芳心暗許了！

選擇C

容易受到奢侈品的誘惑，不過妳要明白並不是每個灰姑娘都會得到王子的玻璃鞋的。此類型的人，對美男子的甜言蜜語沒有絲毫的免疫力，極容易中帥哥型男的道，所以應該要更努力去瞭解男性的心理，以防受騙。

選擇D

對待愛情十分實際，她堅信天下沒有白吃的午餐這句話，如果你毫無理由的對她好，反而會讓她起疑心。她們的邏輯推理能力十分驚人，面對壞男人的甜言蜜語，總會有辦法抽絲剝繭出哪些是不合理的，哪些是謊言。騙子男想要攻破她的心防，著實要耗上一大堆時間，即使是這樣也未必奏效。騙子男怎麼想都不划算，乾脆自動放棄啦！

心靈捕手

一天夜裡，一個臭名昭彰的大貪官被人砍掉了腦袋，此人生前貪財害命、姦淫婦女，不僅老百姓恨他，就連他的家人和僕役也對其無恥的行徑咬牙切齒。被譽為「神探」的當朝宰相狄仁傑來到了案發現場，經過多方探查，發現有五個人具有作案的嫌疑。請妳根據他們的口供，找出真凶。

A、貪官的老婆哭著說：「我與他夫妻一場，怎麼會下如此毒手呢？」

B、貪官的兒子連呼冤枉：「大人，我當時根本就不在家，僕人王二可以幫我作證。我父親有些貪財，生前得罪了不少人，肯定是他們下的毒手，請大人明察！」

C、貪官的門生分辯道：「我家老爺對我有再生之德，我怎能做這種不義之事呢？雖然我為欠下的鉅款焦頭爛額，也不會鋌而走險呀！還望大人明察秋毫！」

D、貪官的私生女兼丫鬟不住地磕頭說：「雖然他害死了我的母親，我十分恨他，但我一個弱女子如何敢做這種掉腦袋的事，請大老爺為我做主！」

E、貪官家裡被囚禁的長工拍手稱快：「罪有應得！老天開眼了！這家人最好全都死光光！哈、哈……」

測一測　妳內心深處最想逃避的是什麼？

【心理解析】按照現代心理學分析，不管一個人如何竭盡全力去掩飾，所做的決定都會透露出他的潛意識。由妳的直覺選出的犯人，可以分析出隱藏在妳心裡深處，最想逃避、最想丟棄的東西，還能夠反映出妳的願望和情感。

看一看

選擇A

妳想迫切擺脫眼前諸多糾纏不清的關係。妳認為發生命案的原因是夫妻反目，說明妳想把人際關係切斷。這暗示著妳現在對生活和工作當中的那種黏人、糾纏不清的人際關係感到厭煩，或者也代表妳對於正在交往的戀人開始感到反感。

選擇B

貪官的兒子是財產的合法繼承人，卻說出了實話。這裡暗示著世上的道德和倫理觀念。由此可以推斷，妳現在正承受所謂的社會一般輿論和倫理道德的壓迫，很多事想做卻又害怕世人的眼光，為此感到十分痛苦。建議妳敞開心胸，只要不是傷天害理的事就要勇敢嘗試，追求夢想是每個人的權利，不妨放手一搏吧！

選擇C

門生和貪官的關係代表著一種「義務」和「約束」，它暗示著妳對於當前的工作或者是愛情，有一種「不做不行、逢場作戲」的感覺，所以妳很想逃避，很想放開這一切。長期的自我壓抑會給身心帶來傷害，希望妳換個心態來面對自己的明天。

love you!!

選擇D

貼身丫鬟這個詞預示著妳對感情的飢渴,在妳的內心深處非常渴望愛情的來臨,與此同時,雙親加在妳身上的過度親情常常讓妳不堪重負,喘不過氣來。父母親過度的關愛,是妳現在最想逃開的壓力。

選擇E

長工說出了一些十分偏激的話,反映出一種異常的心態。這代表妳看似平靜的心,潛伏著躁動不安的偏激情緒,心理學稱之為「情動」。妳現在很想從非理性的情感中逃脫出來,希望自己不再頭腦發熱,成為一個沉著冷靜的人。

夢的色彩

一般人都聲稱自己的夢只有黑、白兩種顏色，這也許是醒後記憶模糊，抑制了夢中的色彩。下次請妳夢醒後立刻記下夢境中的色彩，說不定妳會收到意想不到的驚喜呢！

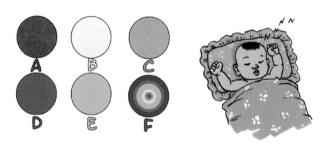

測一測 妳的性格和願望。

【心理解析】20世紀最具影響的心理學家佛洛伊德曾寫過一本《夢的解析》，提出夢是願望的反射。也就是說，夢中的情景可以投射出你的願望。他還指出，正常人的夢中只有黑白及灰色，出現了鮮豔的色彩，說明思維異於正常人。而德國睡眠專家蜜雪兒‧施萊

德卻認為，絕大多數人的夢是彩色的，人們不能確定夢的顏色是因為人們首先注意到了夢的情節，而忽視了夢的色彩。當色彩成為夢中情節的重要部分時，人們就會回憶出夢的顏色。後來有的研究者認為，夢境的色彩也會反映人的願望，甚至是性格。你的夢有顏色嗎？

看一看

選擇A

紅色是熱情奔放的象徵，夢到紅色，說明妳充滿了熱情，生命力旺盛，喜歡追求新事物。如果夢到火紅的玫瑰，則不論是現實還是夢中世界，都代表著火辣辣的愛情。主動的紅色靈魂，在愛情上是敢衝敢闖的，這樣的愛情是非常精彩而刺激的。對於紅色靈魂來說，若不能冒險一試，那生命還有什麼樂趣呢？但是過度沉醉於卿卿我我的二人世界，則對其他的事容易造成疏忽。

選擇B

在中國人的潛意識裡，黃色是一種高貴的顏色，所以有關黃色的夢表示妳擁有駕馭他人的能力，並且能力非凡。在愛情中，妳絕對佔主導地位。多次夢到黃色的人，好奇心強烈，興趣廣泛，喜歡各種有趣的遊戲，熱力十足不受時空限制，具有天真無邪的詼諧表現，在愛情的路上總是常勝軍。

選擇C

橙色象徵著朝氣蓬勃的精神面貌，總是夢到這種顏色的人，希望自己能夠與許多人交往，屬於社交型。由此可見，妳對目前的愛情狀況有些不大滿意，迫切需要改進。因為在夢境中，橙色暗示著一個新的希望或是新生活的開始，尤其是希望在精神方面得到滿足。

love you!!!

選擇D

藍色是天空和大海的顏色，給人的印象與紅色正好相反，愛情是藍色靈魂最遙不可及的夢想。什麼都容易達成，就是愛情這件事有時是行不通的。歸咎其原因，還是因為你太過於高雅的外在，讓想親近的人望而卻步。藍色靈魂是非常孤單寂寞的，非常希望找到能分享這個夢的另一半，只可惜，知音難尋。多次夢到藍色的人，具有沉穩的氣質，能夠冷靜地觀察形勢，並做出正確的判斷。

選擇E

綠色是大自然的色彩，是生命力的主要元素，代表著生命力的來源，也代表著重生。如果妳的夢充滿了這樣的顏色，說明妳走出了困難、挫敗的關口，前路漸現曙光。在愛情中，綠色靈魂能讓情人感到被全然包容與接納，是非常迷人的戀愛對象。

選擇F

七色的彩虹是吉祥的象徵，暗示著好運或好消息就要來臨，你要好好把握哦！在愛情的道路上，你一定會峰迴路轉、柳暗花明的。

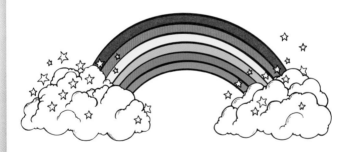

選圖片

請在5秒鐘內選出你喜歡的圖片,不要猶豫!

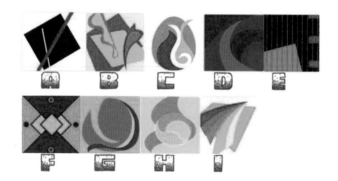

測一測 評估自己的性格!

【心理解析】這些圖片是科學家和心理學家一起合作的成果,並且經過歷時幾年的全球性測驗,他們收到這個研究的回應之後,再小心地調整各個圖片的顏色及形狀,然後再次進行測驗,直到他們得到這些非常成功的圖片,這些圖片代表了九種不同的性格。快來看看你們的性格如何吧!

看一看

選擇A

性格特徵——獨立，前衛，不受拘束。

解讀：你追求自由及不受拘束、自我的生活。你的工作及休閒活動都與藝術有關。你對於自由的渴求有時候會使你做出令人出人意表的事。你的生活方式極具個人色彩；你永遠不會盲目追逐潮流。相反地，你會根據自己的意思和信念去生活，就算是逆流而上在所不辭。

選擇B

性格特徵——頑皮，愉快，無憂無慮。

解讀：你喜歡自由自在、無拘無束的生活。「生命只能活一次」是你奉行的座右銘，因此你盡情享受每一刻。你好奇心旺盛，對新事物抱有開放的態度；你嚮

往改變,討厭束縛。你覺得身邊的環境都不斷的在變,而且經常為你帶來驚喜。

選擇C

性格特徵——務實,和諧,頭腦清醒。

解讀:你作風自然,喜歡簡單的東西。人們欣賞你腳踏實地的做事方式,覺得你穩重,值得信賴。你給人一種親切、溫暖的感覺,身邊的人和你相處感到很安全。你對於俗氣的、花花綠綠的東西很感冒。

選擇D

性格特徵——思想敏銳,時常自我反省。

解讀:你對自己及四周的環境比一般人控制得更好、更徹底。你討厭表面化及膚淺的東西,寧願獨自一人靜思,也不願跟別人閒談,但你跟朋友的關係卻非常

深入，這令你的心境保持和諧安逸。你不介意長時間
獨自一人，而且很少會覺得沉悶。

選擇E
性格特徵——專業，自信，實事求是。

解讀：你掌管自己的生活，相信自己的能力多於相信
命運的安排。你以實際、簡單的方式去解決問題。你
對日常生活中所遇到的事物抱有現實的看法，並且能
夠應付自如。人們知道你可擔當重任，因此都放心把
大量工作交給你處理。你那堅強的意志使你時刻都充
滿信心。未達到自己的目標之前，你絕不甘休。

選擇F
性格特徵——可靠，自信，極具分析能力。

解讀：對事物天生的靈敏度可以使你輕而易舉地觀察

到常人容易忽略的一面，這些就是你的寶石，你喜歡發掘這些美好的東西。你的教養對你的生活有很特別的影響，你有自己高雅獨特的一套，無視任何時髦潮流的東西。你的理想生活是優雅而愉快的，而你亦希望跟你接觸的人都是高雅而有教養的。

選擇G

性格特徵——浪漫，愛幻想，情緒化。

解讀：你是一個感性的人，十分重視自己的感覺。你覺得人生必須有夢想才會活得充實，所以你不會接受那些輕視浪漫主義及被理智牽著鼻子走的人，而且不會讓任何事物影響到你那豐富的感情及情緒。

選擇H

性格特徵——溫和，謹慎，無攻擊性。

解讀：你生性隨和，但處事謹慎。你很會享受私人時間及獨立生活，也很容易結交朋友。有時候，你會從人群中抽身而出，一個人靜靜地思考生活的意義，並自我娛樂一番。你需要個人的空間，因此有時會隱匿於美夢當中，但你並不是一個愛孤獨的人。你對現狀非常滿意，和這個世界能夠和諧共處。

選擇I

性格特徵——好動，外向，精力充沛。

解讀：你不介意冒險，特別喜歡有趣和多元化的工作。相較之下，例行公事及千篇一律的生活會令你無精打采。你最興奮的是可以積極參與任何比賽活動，因為這樣你就可以在眾人面前大顯身手。

茅廬高臥

話說東漢末年，天下大亂，群雄並起，賣草鞋的劉備也混水摸魚跟著瞎鬧，結果被久歷戰場的曹操打敗，無奈，劉備只得去投奔同宗劉表，討一口飯吃。這天，劉備聽說諸葛亮很有學識，又有才能，就和關羽、張飛帶著禮物到隆中臥龍崗去拜會。一連去了三次，才見到諸葛亮，此時他正在睡午覺。請你猜想一下，諸葛亮睡覺的姿勢是怎樣的呢？

A、蜷縮成母體內胎兒姿勢的胎兒型睡姿。

B、身體偏向一側，雙臂向下伸展，順貼在身上的樹幹型睡姿。

C、身體偏向一側，雙手向外伸展，與身體形成直角的思念型睡姿。

D、完全仰面平躺，雙手緊貼身體兩側的士兵式睡姿。

E、身體平躺，雙臂稍稍上舉抱枕的海星型睡姿。

F、俯臥在床上，雙手抱枕，臉偏向一側的自由落體型睡姿。

測一測 睡覺姿勢透露出的性格。

【心理解析】睡眠過程中的肢體語言——睡姿，是受意識控制極少的下意識動作，所以它所傳達的訊息很少具有爭議性，能真實反映人的心理狀態。英國睡眠評估和諮詢服務機構主任克里斯·依濟科夫斯基透過問卷調查，概括出6種睡眠姿勢，發現每一種姿勢對應

著一種人格類型。同時，睡姿也能反映出這段時間的心境、情緒、心理防禦等。

看一看

選擇A

這種人外剛內柔，堅強的外表下有一顆敏感的心。他們第一次見到別人的時候可能會害羞，但很快就能放鬆。拱起的背部構成強而有力的自我保護，當一個人正遭受痛苦挫折時，這種睡姿最能讓人體驗到安全感。

選擇B

此種類型的人大多性格開朗，愛與人交往，很多情況下顯現出領導才能和號召力。不過比較容易輕信他人，過於天真。這種睡姿是悠閒自得的心境的體現，對近期的生活、工作或學習狀態比較滿意。

選擇C

此種類型的人喜歡與人交往、性格外向，易融入團體。不過採用這種睡姿的人較多疑，有時甚至有點偏激和憤世嫉俗，很難接受不同意見。思念型睡姿是冷戰或逃避問題的一種反映。

選擇D

喜歡這樣睡覺的人通常性格內向，比較保守。會一絲不苟地遵守嚴格的標準，久而久之會不自覺地嚴格要求別人。

選擇E

這類人樂於助人，是非常好的傾聽者，對人慷慨，朋友很多，但不喜歡成為焦點。

選擇F

這類人易緊張，通常比較好動，常因缺乏預見性而行事魯莽，他們對別人的批評通常不能虛心接受。

服飾密碼

妳對戀人的瞭解有多少呢？一個非常簡單的方法，就是看他經常穿什麼樣的衣服。

A、運動衣。

B、筆挺的西裝。

C、名牌服飾。

D、寬鬆、舒適的衣服。

E、同一種樣式的服裝。

F、衣著考究但屬於輕便型的衣服。

G、不喜歡新衣服。

H、除了在重要的場合換新的裝束外，經常穿舊衣。

I、常常將外套脫掉，露出裡面的襯衫。

測一測 穿著洩露出他的情和愛。

【心理解析】服飾與著裝者的心理密切相關，服飾行為可以從側面反映出人的情緒動向和性格特徵。人類對於服飾有著生理和心理兩方面的需求。前者包括安全和物質需求，後者包括自我表現、自尊和社會需求。心理學認為，服飾行為本質上是心理的一種反映，衣著和修飾可以反映一個人的性別、民族、年齡、社會經濟地位、職業、個性、愛好和價值觀等。衣著打扮可以起到美化自己、表現內心世界和達到某種特定的交際目的的作用，可以體現人們對自己的社會角色和周圍世界的不同態度。透過以上的測驗，從中妳可以判斷他的個性和對妳的期待，同時知道他喜歡哪一種類型的女人。

看一看

選擇A

他天生善良、幽默、天真，但是個性孤僻，有時顯得古怪而自私。只有在別人的鼓勵下，才會有良好的表現，因此適合交志同道合的朋友。他的金錢觀念很淡薄，同時又理財無方，因此常常陷入收支失衡的困境，需要親戚朋友們的幫助。那些教育程度高，重視人生理想和目標，人際關係良好，能夠獨挑大樑或在能力上有特殊表現的女性最受他的青睞。雖然這種女性有時太以自我為中心，但是在生活中能給人安全感，權衡利弊之後，他寧願選擇一個可以信賴的女強人，做為終身伴侶。

選擇B

他懂得追求時髦，有勇氣，有事業心，對事業的追求勝過對愛情的需要，傾向於結交事業或精神上的朋

友。他理財觀念好，重視人際關係，是完美主義者。他首選的戀人是善於表達感情，懂得關懷家人，理智又有傑出表現，美麗動人，同時又能享受性愛的女人。

選擇C

他天性浪漫，重視品味，好勝、自負，個人能力很強，富有領導才能，時常有傑出的表現。他重視個人享受，是一個物質慾望強烈的人。因此常常以自我為中心，不能體諒他人的需要。他選擇的終身伴侶是那種秀麗大方，溫文爾雅，善解人意，能夠持家理財，精通外語，重視良好人際關係，瞭解如何教育子女的外交官型的女人。

選擇D

他非常重視個人的享受，不喜歡受約束，對人生要求不高。重視朋友，懂得尊重他人。此種類型的人追求較高的精神生活，生活有品味，但脾氣固執甚至略帶古怪。他能夠專心追求自己的理想而不會輕易受人影響，常常事業有成。這種男人在生活上常常不拘小節，希望受到呵護和關懷，因此那些情感細膩，賢慧

善良，有家庭責任感，較為傳統的家庭主婦通常是他的第一選擇。

選擇E

他個性堅強、固執、幹練，精於世故，不喜歡同流合污或者是附和別人的意見。主觀意識很強，人生理想明確，有一種不達到目的誓不甘休的精神。善於照顧他人，是一個有理想、有才華的人。他喜歡有獨特氣質，重感情，尊重生命以及生命的價值的女性。他重感情，重視家庭生活，是一個從一而終的人。不過在情緒不好的時候，他的反叛心理很強，有可能會出現暴力行為。

選擇F

他屬於外向型性格，活潑、單純、自由自在，重感情，不喜歡約束，嚮往輕鬆人生，雖然理財觀念不太好，但也不必為錢終日操勞。他可以得到朋友的幫

助,並因此獲得許多表現能力的機會。那種重視個人成長,有才華,理家、理財有方,略帶權威型的成熟女人會讓他怦然心動。但他不喜歡束縛,即使結婚後也要擁有自己的一片天空,因此,要和他廝守一生,必須懂得張弛有度,給對方足夠盡情發揮的空間。

選擇G

他是個內向的人,害羞、固執、理性,不適合處理複雜的人際關係,很少主動結交異性伴侶。個性有些孤僻、不合群,多半在自己從事的行業裡經由別人介紹,或在朋友中找到異性朋友。遇到人生挫折,容易放棄。他喜歡善於照顧自己,家庭觀念強,能夠獨立照顧子女,重視子女教育,有責任感,甚至有良好烹飪技術的女性。他的家庭責任感強,婚後不會在乎另一半的外表,而是注重品德。

選擇H

他在生活中依賴性很強，不重視個人品味，但能尊重他人的需要，因此很容易交往。能夠為情人犧牲自己的需要，是在愛情中成長的男人。他喜歡獨立、智慧型的女性，希望能瞭解他的需要，並幫助他爭取人生機會，創造人生契機。他的同性朋友很多，不希望受到家庭的約束，所以必須幫助他加強家庭觀念。

選擇I

他在生活上不拘小節，樸實無華，略帶一點天真。天性善良，理財能力很強，交友手段高。他喜歡腳踏實地的生活，如果想讓人生轉向勝利，事業發展成功，必須注重生活品味。能洞察他的需要，滿足他的慾望，有領導慾望的女人，是他最佳的終身伴侶。

八戒的禮物

話說八戒從西天取經回來，從師父那裡領到了一筆豐厚的薪水，於是就去韓國做了整容手術，搖身一變成了帥哥。這天，高老莊門前開來了一輛名貴的跑車，從車裡走下一位帥哥，原來他是來向高小姐求婚的，只見他拿出了八種禮物放在高小姐面前。妳認為八戒的舊情人會選擇哪一種呢？

A、動物造型的胸針。

B、心型的鑽戒。

C、星型耳環。

D、帶狀頭飾。

E、木質魔符。

F、玫瑰花結。

G、粗的金項鍊。

H、細的銀項鍊。

測一測 妳期待什麼樣的白馬王子出現。

【心理解析】女性佩戴飾品不只是起到美觀裝飾的作用，而且還具有多層的含意。例如，身上佩戴著許多飾品的女孩子，代表著她對愛情充滿著積極的期待。當她改變經常佩戴的飾品時，具有內心情感驟變的徵兆。本測驗足以判斷女性心目中的理想男性究竟為何種類型。

看一看

選擇A

妳是個play girl型的女孩，個性自然，不做作，與異性交往時喜歡坦誠相見。如果對方是一位冷漠型的男性，妳會因此傷心而以淚洗面。妳最喜歡那種說話算數的男子漢，跟這樣的人在一起，感覺真的很棒，妳可以像一個小女人那樣依偎在他的身邊，而不怕任何人欺負，心裡充滿了安全感。

選擇B

妳是一個隱藏滿腔熱情的女孩，追求的是自己完全處於被動地位，由男性主控全盤的被動型愛情。在妳的潛意識中，理想的對象是阿諾史瓦辛格那樣的猛男。妳對肌肉的渴求度十分高，喜歡超級肌肉男。當妳的夢幻男友向妳展示強壯的體魄時，妳就會好興奮。

選擇C

妳是有個性的女孩，男性的花言巧語、甜言蜜語都不是妳受用的愛情攻勢。那些有性格、夠前衛的男性才是妳追求的對象，如果遇到慧眼識英雄的伯樂，妳將會毫不猶豫的以身相許。

選擇D

妳對於現狀極為不滿，是一個標準的「憤世嫉俗」的人。妳的控制慾望極其強烈，希望自己的另一半臣服

在妳的石榴裙下永世不得翻身。那些土一點、呆一點的小男人最受妳的青睞，妳希望他乖乖地在家裡上上網、做做飯，不出門最好。這樣妳就會覺得有安全感，才不怕煮熟的鴨子飛了。

選擇E

對異性保持著強烈的警覺性，連聽到聲音、被碰觸都會引起反感。總認為美女的魅力勝過男性，想要贏得她的芳心實在是很難哦！

選擇F

嚮往天長地久、海枯石爛的愛情。對愛情的忠貞度要求得十分高，如果妳的另一半偷偷瞄一眼擦肩而過的美眉，妳都會醋意大發。妳理想中的王子是坐懷不亂的柳下惠式的男生。

選擇G

妳是個物質女孩,即使是沉浸在愛河裡,仍抱持著麵包重於愛情的理念。對方的經濟穩定,會讓妳很有安全感。如果對方有錢,對妳夠大方,並且對妳很溫柔的話,妳才不會去在乎他是不是很帥,即便他是個土財主,妳也會認為他土得可愛。

選擇H

妳是個具有戀父情結的女孩,希望尋找能夠呵護、疼惜自己的男性為伴侶。妳很喜歡居家生活,如果妳的男朋友幫妳做做家務,給小孩換換尿布,妳就會覺得很溫馨。妳希望他在家裡多陪陪妳,不去外面拈花惹草,即使整日甜甜蜜蜜的膩在一起,妳也會覺得很幸福的哦!

坐姿傳達的訊息

如果你是男士，就想一想你女友的坐姿；如果你是個妙齡少女，就回想一下自己坐下時的曼妙姿態是怎樣的？

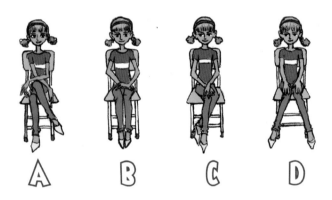

A　B　C　D

　妳是否容易受騙？

【心理解析】男人的坐姿通常為率性而為之，而女人的坐相卻多半有「失真」的成分，是一種不真實的自我形象。簡單的舉例而言，如果一個女人覺得自己應該莊重一些，那麼她自然會把坐姿調整到莊重的範疇

之內，雖然一開始有點累，久而久之，也就成了習慣性的動作。毫無疑問的是，她「失真」的動作，正是體現了她內心真實的想法——莊重。所以說，每個女人不經意間表現出來的肢體語言，都可以透露出她的個性。

看一看

選擇A

如果妳是個蹺左腳型的女子，個性中極富冒險精神，敢為人先，巾幗不讓鬚眉，工作上絕對一流；對於愛情妳積極、大膽的追求，感情專一，很容易獵取男人真愛。反之，如果妳是個蹺右腳型的女孩，則比較內向、保守，凡事考慮周全才能下決斷。妳端莊嫻淑，中規中矩，可謂是一個典型的傳統女性。妳渴求一份美滿的愛情，卻缺少抓住愛情的勇氣，只有異性主動向妳射出丘比特之神箭，妳才有可能墜入情網。

選擇B

妳自視甚高，無論在工作上還是愛情上，都有很高的要求。對於工作，妳不甘人後，竭盡所能做得比別人更好；對於未來的男友，妳要求他一定要有高雅出眾的談吐、卓爾不群的品行、相貌堂堂的儀表，若非一個真正優秀的男人，很難入妳的慧眼！不過，儘管妳聰明如斯，卻難免上那些裝腔作勢的「花花公子」的當，還是小心為上策！

選擇C

妳是個相當拘謹而含蓄的女孩子，社交場合中不免時常出現手足無措、張口結舌的窘態。妳隨遇而安的性格，使妳常常滿足於現狀，在愛情中不會主動追求，只是靜待那個欣賞妳的王子出現。基本上，妳是個「嫁雞隨雞，嫁狗隨狗」的本分女子。特別提醒妳：戀愛時一定要睜大眼睛，別等嫁了之後才知道對方「不如雞」也「不如狗」，那時後悔可就晚了！

選擇D

妳是一位個性率直、沒有心機的女孩，心裡想什麼，嘴上就說什麼，容易給人不成熟的印象。對於愛情這兩個燙人的字眼，妳尚不知是何物。懵懵懂懂的妳，幾乎很少為情所困，也不會太在乎有沒有異性相伴。或許，你的異性哥兒們中早已有人暗中注意上妳了，正在耐心地等妳「長大」呢！

愚人節派對

在西方國家裡，每年4月1日的「愚人節」意味著一個人可以玩弄各種小把戲而不必承擔後果。說一聲「愚人節玩笑」你的惡作劇就會被原諒。今天的愚人節，你們聚會的夜店提供了眾多展示陰謀詭計的機會，趁著夜黑風高，帶好道具和籌備多時的鬼點子上路吧！如果要妳好好捉弄一下妳的好朋友，妳會選擇以下哪一種方式呢？

A、邀請朋友的老闆一起過，讓他防不勝防。

B、找人妖和他大跳豔舞，驚爆人們的目光。

C、跟對方來一段肉麻的愛情表白。

D、假扮員警突然出現，向他出示一張能夠以假亂真的逮捕票。

E、在他酒杯中加各種調味料，誘使他一飲而盡。

49

測一測 你的悶騷指數。

【心理解析】悶騷是Man Show的音譯，意譯為「男人秀」。悶騷不是貶義詞，它源自臺灣或者香港，屬於新興的俚語，其意思想表達說「心中極度渴望，可是在表面上又很克制」，意思是故作深沉，不輕易流露自己的感情。眾所周知，性要求和性表現，即「騷」，是我們人類與生俱來、自然而然的本能，是無法壓制的。在這種本能和社會「角色要求」的衝突下，一些人只能無奈地選擇「悶騷」來應對。一個「悶」字就很形象地表達了這種「無奈」，這是本能

和社會規則衝突下的產物，大概也是人類社會所特有的現象。「悶騷」的「悶」只是一種無奈的偽裝，是一個假面具。當脫離社會視線「監督」，置身一個確認安全的私人小天地時，就可以拋開「悶」這個假面具，讓「騷」的本能得到釋放。而且，「悶騷」的人「騷」起來時，往往會比一般人更強烈！原因很簡單，西方的一個哲人早就說過：「越是本能的東西，對它的壓迫越大，它反彈的力道就越大。」

看一看

選擇A

妳的悶騷指數為40%，妳偏重於悶，這樣的妳文靜典雅又在不經意間流露出一點俏皮，但有時過於矜持，往往會讓男生覺得高不可攀，如果妳能稍稍再放開一點，相信會更加吸引人。平常的妳表現得很矜持，可是一旦醉了，就會把埋藏已久的騷勁表露無遺，讓身邊的人大吃一驚。

選擇B

妳的悶騷指數55%，妳平常正直矜持，只有在另一半面前才會表現內心最不為人知的一面，才會發「騷」，例如撒嬌、小鳥依人等。

選擇C

妳的悶騷指數為80%，妳平常很害羞、很怕生，在陌生人面前彬彬有禮、很會裝乖，但只要混熟就會亂發「騷」。屬於那種只有在熟人面前才會表現出真我的一面，甚至搞笑發騷都無所謂的類型。

選擇D

妳的悶騷指數為20%，妳是個表裡如一的人，思想比較單純，要發騷也是明著發「騷」。如果妳尚未成年，那另當別論了。妳私底下和平時沒有什麼不同，即使發騷也不會去掩飾，個性自然大方。

選擇E

妳的悶騷指數為99%，妳外表看起來矜持到不行，其實無時無刻都在暗自「發騷」。不過妳會掌握得恰到好處，既不會過於沉悶，也免於過度風騷。時而純情的微笑，時而危險的眼神，既可端莊如聖女，又可嫵媚如尤物。現在的妳，要做的僅僅是在選擇恰當的時機展現妳截然不同的風情。

遲到的情人

一天,你和情人約會,你在咖啡屋等了兩個小時也不見他的蹤影,這時你會如何反應?

A、等到他來為止。

B、不停地打電話聯絡。

C、在桌子上留個紙條,說一刀兩斷。

D、實在是不耐煩了,轉身離去。

測一測 你是不是一個合格的戀人？

【心理解析】愛一個人，要瞭解也要開解；要道歉也要道謝；要認錯也要改錯；要體貼也要體諒。愛一個人，是接受而不是忍受；是寬容而不是縱容；是支持而不是支配；是慰問而不是質問；是傾訴而不是控訴；是難忘而不是遺忘；是彼此交流而不是凡事交待；是為了對方默默的祈禱，而不是向對方諸多要求。愛一個人，可以浪漫但不浪費，不要隨便牽手，更不要隨便放手。這樣才是一個合格的戀人，透過測驗，你就會知道！

看一看

選擇A

你通常對愛情抱持樂觀的態度和盲目的想法，很少去懷疑別人，更不會去懷疑自己的情人，任何事都會往好的方面想。不過，你做人還是有些死板，對情人的

話雖然不是言聽計從，但是只要對方有所表示，你絕對會信任。你可以說是愛情的信仰者，相對的也很容易被人設計，被騙了都不知道。

選擇B

你屬於比較理性成熟的人，腦筋滿清醒的，等了兩個小時情人還不來，自己不會先下定論，而是心想情人或許是因為一些狀況而出事了。這說明你對自己的愛情很有信心，而且情感的穩定度極高，不會因為小事就和對方有摩擦。基本上，你屬於比較有條理型的人。

選擇C

在你的觀念中，時間也是一種很珍貴的資源，為了一個約會浪費兩個小時是很大的損失。另外，你的自尊

心也比一般人強，白等了兩個小時，你會認為對方極其不尊重你，自己的尊嚴被污辱，是不能忍受的事，這說明你是以自我為中心的現實派情人。

選擇D

你是一個比較情緒化的情人，在戀愛的過程中，你在很多地方都表現得很不理智。你的愛情觀可能是屬於比較主觀和衝動型的，常常不考慮後果就付諸行動，而且腦中只有一種固定的思考模式，很容易被情緒帶動你的想法。不過，這種人雖然衝動，但如果生氣或情緒化的想法一下子就過去了，也不會翻舊帳，是屬於沒腦筋的情人。

誰對她的死負責？

故事很長，請耐心讀完——

非常有人氣的偶像派歌手埃斯莉，被人發現死在自家住宅的一角，法醫認為她是服用安眠藥自殺的。經過警方調查後，發現她死前曾和六個人通過電話。

和埃斯莉交往的人當中，有一個是她的親密男友叫約翰。他們原本就要舉行婚禮了，由於埃斯莉正處於錄製新專輯之際，因此婚期一延再延。那天，約翰想和埃斯莉協商婚期，希望說服她答應結婚之事。不巧，約翰碰上了最難堪的一幕，埃斯莉正和電視導播偷歡。憤怒的約翰大發雷霆之後，衝出公寓。

第二天清晨，約翰打電話來說：「埃斯莉，我跟妳之間完了！」並因此解除了婚約。埃斯莉聽後如晴天霹靂一般，絕望之餘，決定自殺。她鎖上了門，服用過量的安眠藥之後，靜靜地躺在床上。在失去意識之前她和約翰通了電話並告訴他自己的死因，她說：「我是愛你的，失去你我無法生活。為了愛，我以死謝罪！」說完之後就將話筒放下了。

由於對死的恐懼，她想打電話求救，但是叫救護車的話，記者和傳媒將聞風而來，演藝生涯可能會因此結束。衡量了一下，埃斯莉決定找那位導演幫忙。然而接電話的那一方，正和另外一位女演員打得火熱，導演回答說：「立刻過去是不可能的。」

求救被拒的埃斯莉又打電話給她前男友安迪。然而，安迪已經結婚，不願捲入這場是非，於是冷冷地掛掉了電話。這時，埃斯莉的神智已經越來越不清楚了。

在昏迷之中，她又撥電話給學生時代的親密朋友安娜，安娜曾經是約翰的女朋友，由於埃斯莉橫刀奪愛，兩個人早已斷絕了關係。當電話接通時，安娜沒等到她把話說完就把電話掛了。

埃斯莉用顫抖的手撥了附近醫師的電話，命運之神好像有意要奪走她的生命似的，一連撥了好幾次，都沒人接。原來，醫師恰巧外出了。這時，埃斯莉的臉轉為蒼白，死神正在向她逼近，但她仍在做最後的掙扎。她用盡僅存的力量撥了一個陌生的號碼，尖叫著

說：「我吃了許多安眠藥，我不想死！救救我吧！」

對方回答道：「有沒有搞錯，這麼晚還打這種無聊的電話！」說完，無情地掛了電話。

於是，埃斯莉在絕望中失去意識了……

讀完這個故事後，你認為對於埃斯莉的死，誰應該負最大的責任？

A、約翰。

B、好色的導演。

C、安迪。

D、安娜。

E、醫生。

F、陌生人。

G、自己本人。

測一測　你潛在的道德觀。

【心理解析】這個題目是由德國的一名社會心理學者所設計的，故事中的人物分別代表著平常生活中的各種意識及道德觀。故事中的人物分別代表了不同的象徵：約翰象徵利己主義；導演象徵性愛；安迪象徵愛情；安娜象徵友情；醫生象徵金錢和慾望；陌生人象徵博愛主義；埃斯莉本人象徵自我。

看一看

選擇A

如果妳是女性，即使愛著對方，也不會用心去為對方著想，比較以自己為中心。當不好的事情發生時，總是將過錯歸咎給對方或是周圍的人。妳會先要求對方如何愛妳，而不會想到要怎樣從自己內心去喜歡對方。如果對方做錯了什麼，想到的一定全是對方的錯誤。總而言之，妳永遠是對的，錯誤全在對方。

如果你是男性，則屬於重視形式或道德的人，比較偏向於自己的內心世界，認為守護女性是男人理所當然的義務。但是由於太過重視自己的忠誠，容易給女性留下難以相處的印象。

選擇B

你是主張男女之間的交往應該保持安全距離的人。對於性有一定的自制力，生活比較嚴謹，非常討厭輕浮的人，也許有些潔癖也不一定。另一方面，你嫉妒心很強，對人也有些苛刻。如果已婚的話，會很重視有規律的生活，並專心為自己築起一個生活的空間。如果你未婚，多半是因相親而結婚。

選擇C

你是一個非常誠實的人，對於說過的事一定會盡力做到。有時，看似隨便說說卻能言出必行，令周圍的人

刮目相看。你是一個理智、深沉的人,很少發怒,很少抱怨,也很少向別人表示你的感覺或反應。

選擇D

如果你是男性,那麼你對女性有說不出的不信賴感,和男性比較容易交朋友,對女性則無友情可言。也許你曾經受過傷害也說不定。

如果妳是女性,則對於友情及彼此的信賴非常重視,就算是不喜歡做的事,為了朋友也可以兩肋插刀,在所不辭,甚至犧牲自己也不皺一下眉頭,頗重義氣。

選擇E

對於事物的判斷,你十分現實,從中反映出你對當今社會的不滿,這個充滿金錢和權勢的世界,令你無法消受。還有一點,可能你對醫生有過不良的印象,而

這個故事引發起你這樣的感覺；或者曾經被認識的人或朋友傷害過。

選擇F

就客觀情況而言，這是最不需要負責任的人，然而你卻認為這個人必須負最大責任，說明你是比較獨斷的人，對於事情的處理方法非常的自我，很可能會堅持己見而不願退讓，有認為自己的想法正確而要壓抑別人思想的危險性。你對人產生厭惡的原因很多，但多半是想到別人的錯而不會覺得是自己的錯。與人共事時，你比較會滿足自己的收穫，而很少考慮到給對方一些貢獻或方便。

選擇G

有什麼事情發生時，你會冷靜地考慮事情發生的原

因，並反省自己的過失。說明你比較成熟的人生觀和較強的道德感，認為快樂的同時也有著痛苦，不會無限制地表現自己的慾望。如果你是男性，會對女性有著嚴格的要求，對自己也絕不放鬆，不會做出對不起女方的事情。如果妳是女性，當妳愛一個男性時，會慎重地考慮其結果，且有較強的責任心而不會逃避責任。

買雨傘

在上班的途中，突然遇到了大雨，妳急忙走入便利商店打算買一把雨傘應急。店裡一共有五款雨傘，妳會選購哪一款呢？

A、普通的老式雨傘。

B、折疊傘。

C、上面有圓點圖案的。

D、上面畫有奧運吉祥物的。

E、造型獨特的。

測一測 妳的自戀指數。

【心理解析】美國心理學家科胡特認為自戀是人類的一種本質,每個人本質上都是自戀的。自戀是一種藉著勝任的經驗而產生的真正的自我價值感,是一種認為自己值得珍惜、保護的真實感覺。也就是說通常個體的自戀並不是不健康的,而且我們整個社會也是允許適度自戀的,只有個體過度自戀並超出了社會對自戀許可的範圍那才是不健康的。自戀性病態人格是人格障礙之一,其主要特徵是:強烈的自我表現慾;一貫自我評價過高,自以為才華出眾;極端的自我專注;好產生自我陶醉性的幻想;權慾傾向明顯,期待他人給予自己特殊的偏愛和關心;缺乏責任心,常用自負傲慢、花言巧語等態度來為自己的不負責任辯解。在面臨批評和挫折時,要嘛表現得很不屑一顧,要嘛表現出強烈的憤怒、羞愧或空虛;容易給人造成一種毫不在乎和玩世不恭的假象,事實上卻很在意別

人的注意和稱讚；為了謀取個人利益不擇手段，只願享受，不想付出等等。希臘神話中有個男孩叫那格索斯，英俊挺拔，深得少女的傾慕，但是誰也無法獲得他的心。有一次，他來到山泉邊飲水，看到了自己在水中的倒影，便對自己產生了愛意。他終日在水邊徘徊發呆，當他忍不住撲向水中去擁抱自己的影子時，最終化做一株漂亮的水仙花。想知道妳迷戀自己的程度嗎？就來測驗一下妳的「水仙花情結」吧！

看一看

選擇A

妳的自戀指數為100％，根本就是個超級自戀狂。妳認為自己是一個「只應天上有」的絕色美女，自戀程度簡直高得離譜。粗略估計一下，妳每天大概用9成的時間來欣賞自己的「絕世芳容」。愛自己愛到發狂的妳，很少顧及身邊人的感受，妳的最忠實伴侶應該是一面能夠朝夕與妳相伴的鏡子。

love you!!

選擇B

妳的自戀指數為85%，自戀程度是超乎常人的高。妳對自己的外貌、身材、氣質信心十足，從來不會浪費上天給的這些本錢，一有機會就向身邊的人頻頻放電。妳覺得自己的身材這麼正點，不好好利用豈不是暴殄天物？所以，妳會終日摸爬滾打於情場之上，以推銷自己、傾倒眾生為己任。

選擇C

妳的自戀指數為60%，屬於孤芳自賞的林妹妹型。妳自視甚高，認為自己曲高和寡，所以一旦失戀就會抓狂。妳接受不了別人拋棄妳的事實，從此就會變得憤世嫉俗，對愛情不再抱任何幻想。

選擇D

恭喜妳！屬於此類型的人，可以說是最正常不過的。
妳的自戀指數雖然為45%，但這種心理反應每個人都會
有，自戀的程度也能夠為人所接受。至於戀愛方面，
由於妳懂得適度表現自己美的一面，自然而不做作，
親和力十足並且敢愛敢恨，戀人和妳相處時覺得輕鬆
自在沒有壓力，因此就算妳不是絕世美人，也同樣具
有迷人的氣質。

選擇E

妳的自戀指數接近0，自戀不足自卑有餘。妳有一定
的自戀傾向，希望在別人面前有表現自己的機會，所
以特別喜歡打扮，期盼能夠修飾自己的缺點，引人注
目。其實，妳潛意識裡希望別人注意自己，就是缺乏
自信心的一個突出表現。

醫院給你童年留下的記憶

當你很小的時候，一旦感冒或是發燒，爸爸媽媽都會急得團團轉。無論是白天黑夜，還是颱風下雨，都會在第一時間把你送到醫院，當時，給你留下印象最深刻的是什麼呢？

A、醫生手裡拿著聽診器，親切地說：「小朋友，把嘴張開，像我這樣，『啊！』」

B、護士對你溫柔地說：「乖，不要害怕！不會痛的。」

C、你依偎在媽媽的懷裡，不安地看著候診室裡那些看起來似乎很難過的病人。

測一測　你有沒有「戀母情結」？

【心理解析】戀母情結，又稱伊底帕斯情結（Oedipus complex），在精神分析中指以本能衝動力為核心的一種慾望。通俗地講是指男性的一種心理傾向，就是無論到什麼年紀，都總是服從和依戀母親，在心理上還沒有斷奶。所謂「情結」是指情感上的一種包袱。戀母情結傾向的有無，在戀愛關係上，與能否自主獨立息息相關。具有戀母情結的人，在決定自己的行動時，極容易受到母親的想法或行為舉止的影響，使其在戀愛的心理層面上，無法擺脫母親的影子。

看一看

選擇A的人

可以看出在潛意識裡具有戀父情結的傾向。從心理學的角度上說，醫生意味著值得信賴的人，換句話說，

醫生就是父親的象徵。選擇這個選項的人，可以說是對父親仍具有一種依賴的心理。

選擇B的人

表明對和藹親切的護士有好感，對溫柔包容的女性印象深刻。當然，在這裡護士就是象徵母親的人物。因此，選B的人，可以說是具有戀母情結的傾向。

選擇C的人

首先想到的是候診室的病患，這些病患實際上就是自己本身的影像重疊。具體地說，該處隱含著「希望能夠早點接受診治」的心理。選擇C項的人，可以將其定位為「以自己本身的想法為主」的類型，就最終的目的而言，這種類型的人雖然也會受到父母的影響，但重視自己的判斷勝過一切。

強盜打劫

你是趕路的客商，路遇強盜打劫，刀子架在你的脖子上，眼看你就要人頭落地，如果你想保命，會用怎樣的方式求救呢？

A、用威脅的方式恐嚇對方——「如果你殺了我，你會後悔的！」

B、用交易的方式來打動對方——「求您高抬貴手，如果放我一條生路，我會傾囊相贈！」

C、用哀求的方式博取對方的同情——「我家上有老下有小， 好漢饒命啊！」

測一測 你的潛質是什麼？

【心理解析】生死存亡之際，你會用威脅戰術、交易戰術，還是用哀求戰術呢？在生死攸關的瞬間說的話和採取的行動能夠體現出一個人擁有的真正潛質。由此你可以知道你擁有什麼樣的才能和力量。

看一看

選擇A

你明白自己擁有的能力,如果你對自己的能力沒有自信,是不可能採取這種威脅對方會遭報應、使對方屈服的戰術的。事實上,你擁有挑戰困難、擺脫逆境的強大力量。你能成為一個動員眾人,給他們帶來影響力的人,這就是你的潛質。

選擇B

你是一個胸有成竹的人,擁有「只要做就一定可以成功」的積極樂觀的自信,所以你才大膽地採用「這麼做,對你也有好處」這種能勾起對方慾望和私心的交易戰術。你不甘示弱、執意進取,無論在哪個領域,都想出類拔萃。透過在腦海裡描繪自己的成功者形象來激勵自己,你可以把這種想法變為事實。你能成為一個讓人羨慕的人,這就是你的潛質。

選擇C

你感情細膩，能夠敏銳地感受到對方心情的變化，所以故意裝可憐，引起對方的惻隱之心來博取對方的同情。你可以從平常的事物或素材中，準確地發掘出打動別人、安慰別人的情感要素，你細心的關懷和照料，可能成為感動眾人的原動力。你能透過自己堅持不懈的努力來創造感動別人的東西，這就是你的潛質。

小紅帽的草莓

童話故事裡的「小紅帽」，其實是一對雙胞胎，她們兩個人一起去探望奶奶，走在半路上卻發現忘記帶麵包和牛奶，於是妹妹返回家中去拿，而姊姊則留在森林裡採草莓。當妹妹回到森林時，望著姊姊採的一大堆草莓，不禁讚嘆地說：「哇！好棒耶！我從來沒有見過這麼多的草莓。」如果妳是姊姊的話，妳該如何回答？

A、「如果換成是妳，也會採摘這麼多的。」

B、「是啊！很不容易的！」

C、「我費了好大的力氣才採這麼多。」

D、「廢話！我是姊姊當然厲害。」

測一測　妳是不是一個強勢的「大女人」？

【心理解析】一個丈夫的成功與否，與妻子的影響有極大的關係，而這個測驗所要揭示的，則是女性在與男性相處時，她究竟是屬於隱身於男性身後的類型，還是置身於男性之前的類型。美國女心理學家赫娜指出，比起男性來說，女性通常具有否定自己成功的傾向。從心理學上來說，就是所謂的「高度迴避成功的心理」，有這種心理的女性認為，當她們和男人擁有同樣的成功時，很可能就會破壞傳統的性別功能，使自己變為「男人婆」。所以，她們就會向男性示弱，以滿足男性的虛榮心。而另一些爭強好勝的女性，希望和男性平起平坐，甚至還想超越男性，成了男人們望而生畏的強勢「大女人」。

看一看

選擇A

妳迴避成功的心理意圖非常的高，無論妳的丈夫有多

大的成就，妳永遠也不會認為這裡也有妳一部分功勞。妳是一個隨遇而安的女性，通常只會隱身在丈夫的身後，默默地付出一切。要妳這種人霸道地去使喚他人，妳是無論如何也無法做到的，大女人和妳的性格完全背道而馳。

選擇B

妳迴避成功的意圖並不是那麼的強烈，為丈夫付出時，可能只會針對某一特定的方面。妳是一個極度明白事理的人，做事很有原則，相信任何人都會覺得妳隨和可愛，大女人和妳根本沾不上邊。

選擇C

妳是個絕對理性的人，在處理夫妻關係時同樣理性，具有認同成功的心理，基本上，妳具有大女人的一

面，不過這種態度妳只會用在對付那些妳不在乎的人身上。

選擇D

妳的第一個反應居然是當面呵斥，真有性格！看起來妳絕對是個敢作敢當，有自信、有性格的現代女強人。在愛情世界裡，妳是個百分百的大女人，常常想支配妳的另一半。通常在面對丈夫的成就時，並不會隱身於丈夫身後，總是會積極地站出來，進行搶班奪權。身為妳的丈夫，大可以極度放心地退居二線，將內政、外交完全委任於妳。

借船過河

有個男人叫M，他要過河去和未婚妻F相會結婚，但兩人一河相隔，M必須要借船過河才能見到F，於是他開始四處找船。這時見一個女子L剛好有船，M跟L借，L遇到M後愛上了他，就問：「我愛上你了，你愛我嗎？」M說：「對不起，我有未婚妻，不能愛妳！」結果，L死也不肯把船借給M，她說：「你不愛我，我是不會借你的！」

M很沮喪，繼續找船，剛好見到一位叫S的女子，就向她借船，S說：「我很喜歡你，你對我有沒有感覺無所謂，只要留下來陪我一晚，我就借給你！」M很為難，可是這個地方只有這兩艘船，為了能見到彼岸的未婚妻，他不得不同意了S的要求。第二天，S遵守承諾把船借給了M。

見到未婚妻F後，M一直良心不安，考慮了很久，終於決定把心中的祕密說了出來，F聽後非常傷心，覺得M不忠於自己，一氣之下分手了。

後來，M的生活裡出現了一位女子E，兩人開始談戀愛了，但之前的事一直讓M耿耿於懷，最後他鼓足勇氣一五一十地把他和L、S、F之間的故事講了一遍。E聽了後，卻毫不介意。

故事講完了，問題也來了，請你把這幾個人由好到壞排列次序，M也計算在內，你會如何排列呢？

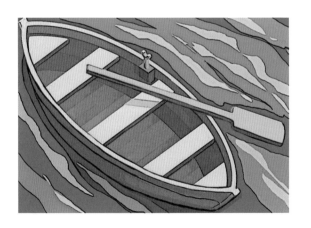

測一測 讓你的潛意識告訴你自己最想要的是什麼？

【心理解析】不知道自己真正追求的是什麼，這是一個很普遍的問題。人們總感覺什麼都很重要，捨棄哪一個都不完美。每個人的人生追求確實差異很大，看別人追求事業，你很羨慕也很想這樣，但不知道為什麼總是做不到；看別人婚姻幸福，你也很想，可是實現起來確實不容易，這和運氣也不是很有關係，而是你的需要決定了很多。一定有人看了這個答案覺得很失望，就這個呀？這能說明什麼呢？別看答案簡單，其實這裡面既包含你的價值觀，也預示著你的人生走向。

看一看

M——道德（Morality）。

L——愛情（Love）。

S——性（Sex）。

F——家庭（Family）。

E——事業或金錢（Enterprise / Money）。

Love you!!!

足下風情

有人說，要看出一個女人的品味，首先要看她的鞋子。那麼，你的她喜歡穿什麼樣的鞋子呢？

測一測 鞋子蘊含女生有著怎樣的個性色彩、人格內涵及性格特徵？

【心理解析】鞋子是一個人的生活方式、生活品味的象徵，就連審美取向也會明顯地體現在所選擇的鞋子上，非常善於打扮自己和愛惜自己的女生往往都是特別鍾愛鞋子。鞋子無論是對於男女都有一定的象徵意義的。但是女性更容易關注自己的腳以及腳上的鞋，因此有意識裝飾的成分就更多，而男人則不是這樣。區別就在於腳部對男女的意義不太一樣。女性的腳和

小腿往往帶有性的意味，男性會特別關注。實際上，喜歡穿什麼鞋子還能透露出女人的性格。

選擇A

喜歡穿高跟鞋的女子，個性成熟大方，喜歡思考，頭腦聰明。在生活和工作上都十分努力，盡職盡責，對周圍的人、事、物要求會比較高，但是因為想要的東西太多，有時會因為無法滿足而脾氣不佳。一般來說，這樣的女子比較適合坦誠相對，如果你想要追求她，就大方的對她好，關心她，如果她覺得你是一個值得交往的對象，通常她不會故意擺架子刁難你。

選擇B

喜歡穿涼鞋的女孩子對自己相當有自信，喜歡將自己最美好的一面表現出來。一般來說，她的人緣不錯，身邊的朋友也不少，對異性很有興趣。不過她的個性

頗為固執，不容易說服，有時候會對男友要求較多，希望與自己達成一致。如果你想當她的男友，需要有耐心，多包容對方一些。

選擇C

喜歡穿運動及休閒鞋的女性，表面上看來很容易相處，其實她的警覺心很強，非常會保護自己。從表面看，她很容易和男生打成一片，如果對於心裡喜歡的那一位，反而會保持距離敬而遠之。通常朋友很難看出她的心事，在堅強的防衛之下，她的情感非常脆弱。

選擇D

喜歡穿造型簡單、學生樣式鞋子的女子，個性單純敏感，家教嚴謹，容易壓抑自己的情感。一般而言，此

類型的女子平時言行比較內斂，但內心充滿了反叛，
想嘗試一些冒險的經歷，要提防在旅行時受騙。

選擇E

此類型的女性個性獨立，愛好自由，不喜歡受拘束，
勇於表現自己。一般來說，這種女子不是外表出眾，
就是相當聰明有能力，容易成為異性傾慕的對象。雖
然看起來好像不難親近，但是要成為她的男友，必須
具有某種才華，並且瞭解她，才能贏得她的芳心。

選擇F

她注意時尚並且追逐流行，喜歡成為大家注目的焦
點，外表看來作風大膽，其實內心相當保守。她內心
有些沒自信，所以才會成為流行的一分子，希望讓人
注意到她的存在。想要追求她的人，必須善於發現她
的優點，給予鼓勵，讓她更加有自信。

頭髮隱含的意義（1）

（1）觀察一下你自己或者是另一半的頭髮，你會發現
　　許多祕密，不信請試試看！

A、頭髮粗直、硬度高。

B、頭髮濃密而且很黑。

C、頭髮自然捲。

D、頭髮稀少，並且髮質很細。

E、頭髮稍禿。

（2）注重形象的人通常也很看重髮型，因為頭髮是人
　　體一個很重要的部分，關係著人的整體形象。當
　　然對於經常從事公共活動的人來說，保持一個得
　　體的髮型更是必不可少的。

F、頭髮總是梳理得很齊整光亮。

G、頭髮自然隨意，沒有明顯的梳理。

H、經常留短髮。

I、喜歡趕時髦，留時尚髮型。

測一測 頭髮與性格的神祕關係。

【心理解析】從生理心理學角度看，頭髮與性格有密切關係。一位美國學者分析認為：頭髮平滑細軟的人，性格多半溫柔；頭髮粗硬直挺的人，大多個性剛直，情緒較穩定；頭髮濃黑有光亮的人，通常感情豐富；頭髮灰黃的人，感情略淡薄；頭髮較密的人，活潑而健康；天然捲髮的人，性格多不穩定，勇氣不足。頭髮做為身體的一部分多多少少會透露人的一些內在資訊；頭髮是人體最為重要的裝飾品，從中可以看出人的性格趨向。

看一看

選擇A的人

為人不拘小節，性格豪爽，行俠仗義，對朋友總是以其當先，光明磊落，不會玩弄小聰明，並且是很好的患難之交。

選擇B的人

做事情有條理，很有智慧，懂得發揮自己的長處，有理想、有抱負，是典型的事業型人才。

擇C的人

這種人通常都很有個性，喜歡表現自己，常常給別人帶來意想不到的驚喜。

選擇D的人

這種人心機很重，會打算，算計事情一絲不苟，喜歡把事情算得很仔細，缺乏氣概和寬容心。

選擇E的人

做事情很勤奮，對待工作認真，對自己本分內的事情具有很強的責任感。

選擇F的人

這種人很注重外在形象，甚至有點虛榮愛面子，對事物也比較挑剔，喜歡吹毛求疵；有點完美主義傾向。

選擇G的人

這種人對外表的東西不看重，喜歡內在的收穫，很多人都是工作狂，拼命工作，希望獲得上司的認可。

選擇H

這種人做事情乾脆直接，有些人可能會比較驕傲，常

會滿足於自己的現狀；有些人看重自己的感受，以自我為中心。

選擇I的人

注重情調，喜歡別人的誇獎和表揚，總是想趕在事物的前面，年輕人表現得很前衛；中年人則很有活力，喜歡和別人溝通，有著處理人際關係的良好技巧。

頭髮隱含的意義（2）

男士們！對著鏡子看看自己的頭髮，它與下面哪種情況十分類似呢？

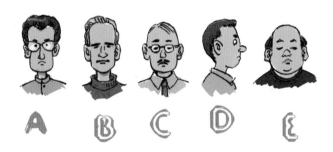

測一測 髮型會告訴你他是怎樣的人。

【心理解析】頭髮又稱「煩惱絲」，外觀尤其重要，可惜不少人未到中年，已深受掉髮的困擾，其中以男士尤甚。所謂相由心生，頭髮與性格在相學上有微妙的關係，以下的分析或含意也許可以助你參透一二。

看一看

選擇A 抗拒束縛。

擁有此髮型的人，做事夠獨立，又富創意，容易得到上司的垂青。額角髮線高，代表熱愛自由，怕受束縛，一有錢就會想要周遊列國，以激發創意。不過，此髮型的人卻不善理財，加上為人比較揮霍，存錢方面有點困難。

選擇B 愛動腦筋。

髮線高的人，大都比較聰明能幹，而髮線退得愈後，則表示為人愈重現實，懂得精打細算，不會是遊手好閒之輩，可以說是工作型，其中又以生意人、行政人員居多。髮線後退是指整體髮線後移令前額升高，如果二、三十歲的壯年已經遇到此問題，一方面是提早老化的現象；另一方面則反映其人用腦過度。

選擇C 神經刀客。

頭髮稀疏的成因不是逐漸脫落，而是天生稀疏的人，表示先天營養不良，或身體出現了嚴重的毛病。頭髮稀疏的朋友，為人十分神經質，即使芝麻蒜皮的小事，都會擔心受怕，可謂船頭驚鬼船尾驚賊，為身邊人造成壓力之餘，還會有強迫症。

選擇D 清心寡慾。

為人清心寡慾，對甚麼都滿不在乎，不會為衣、食、住、行而煩惱。雙鬢稀薄的人，大多深具學問、富有修養，有時還很詩情畫意。由於本身慾求不多，少為外物所牽制，加上與世無爭的性格，所以生活悠然自得。

選擇E 粗枝大葉。

出現此情況表示飲食習慣不正常，平時沒有注重養生的方法，所以身體健康頗差，很容易生病。地中海的朋友，天生較為固執，有點牛脾氣，加上粗枝大葉，做事有欠周詳，以致流於僵化的境地。

復仇的機會

復仇女神厄里倪厄斯給了你一個機會,只見她一揮手,就把你帶到了你生平最恨的人家裡。仇人正好不在家,你可以隨意搗毀這裡的東西,請問,你會最先選擇破壞哪種物品呢?

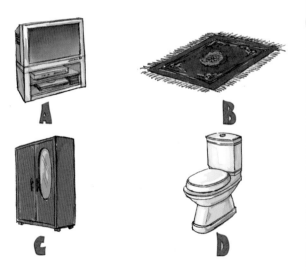

測一測　你是否變態？

【心理解析】通常，人們總是把在群體中出現頻率高的心理現象稱為常態，反之則稱為變態。變態心理又稱異常心理，有人也稱病理心理，是指人們的心理活動，包括思想、情感、行為、態度、個性等方面產生了變態或者接近變態。據世界衛生組織估計，同一時期，在外表正常的人中，幾乎20％～30％的人，有不同程度的心理異常。如此說來，違反常態就是變態。那麼，什麼是常態呢？只能仁者見仁了。每一個個體都有自己的獨特性，這種獨特性很有可能在別人眼裡就是變態。變態與否，自己喜歡就好，但不要傷害了別人，污染了社會。下面的問題是：你變態嗎？有人說你變態嗎？你覺得自己變態嗎？回答不出來的話，就來測測看！

看一看

選擇A

值得慶祝！你是做完這個測驗後最為正常的一個人。
相信你變態的機率是非常低的，不會危害人類。在性
愛方面，就算喜歡的人在你面前，你也能維持一貫的
態度，樹立健康的形象。

選擇B

在被仇恨沖昏了頭的時候，你會變成一個不折不扣的
瘋子，對仇人絕不留情，殺之而後快。在性愛方面，
你已經是一個標準的變態人士了，平常在外和常人無
異，但一回到家，卻買了許多情趣商品擺在家裡，每
天還玩得不亦樂乎，小心別玩過頭了。

選擇C

恭喜閣下，你已經完全達到了神的境界，世間已經沒

有任何合適的語詞能修飾、形容你了。你的腦筋轉得非常快,總能做出讓人大吃一驚的事。在性愛方面,你是不是看到鞭子或蠟燭之類的東西會感到特別的興奮?對你只能建議,SM沒什麼,但要注意安全。

選擇D

你是個搞怪高手,除了偶爾舉止異常、思維另類外,基本上不會造成危害。許多人都會願意和你這種半瘋的人在一起,尋找生活的樂趣。在性愛方面,你會嘗試一些另類的遊戲,不過無傷大雅。

遙控器失靈時

對於小女生來說，假日裡最舒服的事莫過於手裡拿著零食，窩在沙發上看電視。如果在妳準備轉臺看妳喜歡的電視節目時，遙控器突然失靈了，妳會怎麼做呢？

A、敲敲遙控器看看。

B、更換遙控器裡面的電池。

C、乾脆不用遙控器，用手去按電視機上的按鍵。

D、打電話給電器行，請人維修。

測一測 妳的女皇傾向。

【心理解析】對妳而言，那個用遙控器來操縱的電視就代表著妳的另一半。透過在遙控器失靈時妳所採取的行動中，可以知道妳是不是那種習慣支配別人的女性。

看一看

選擇A

妳是一個十分任性的人，對妳的男朋友總是呼來喝去。妳認為對方喜歡妳，就應該理所當然地聽妳的話。如果對方有一點不順從妳的心意，妳就會立刻吵得天翻地覆。妳是個極有主見也挺專制的戀愛導演，對於愛情，充滿了浪漫的期待。腦海中不知道儲存了多少從書上或是影視作品中獲取的戀愛畫面，既然妳早已把愛情的藍圖規劃好了，自然會要求對方照著妳的意思來演繹。如果對方表現不好，很可能被妳踢出局。

選擇B

妳很溫和體貼,總是先考慮到戀人的感受,絕不會去指使、命令妳真正喜歡的男性。所以妳常常將自己的想法藏起來,等到瞭解對方的想法後,再去尋求平衡點。但是遇到特別能包容妳的男性時,妳就會或多或少地表現出女皇的傾向。

選擇C

妳不是那種會對男人下命令的人,就因為這種保守的性格,那種不會對人下命令的男士,也得不到妳的歡心。妳這種受虐的傾向,很容易讓男生得意忘形。

選擇D

妳是個有合理思考邏輯的人,也可以說是個策略家。表面看起來妳很開通,給予兩人很大的空間,不會干

預對方的生活。實際上，妳從來都沒有放棄過掌控全局的努力，只是這種支配戀人的野心，用糖衣包裝起來，很難讓人發覺罷了。

「艾蕾拉」公主的情思

位於北方的勒斯里王國，那一年的冬季很特別，全國上下都籠罩在一股歡愉喜悅的氣氛之中。人民喜悅的原因很簡單，他們景仰的「艾蕾拉」公主很快就要結婚了。這一天，公主覺得很寂寞，就來到花園散心，她坐在葡萄架下，心裡想著英俊的王子，眼睛靜靜地凝視著一種小動物。憑你的直覺，你認為這種小動物會是什麼呢？

測一測 你喜歡「柏拉圖」式的愛情嗎？

【心理解析】所謂柏拉圖式的愛情，是以西方哲學家柏拉圖命名的一種精神戀愛，它追求心靈溝通，排斥肉慾。柏拉圖堅信「真正」的愛情是一種持之以恆的情感，而唯有時間才是愛情的試金石，唯有超凡脫俗的愛，才能經得起時間的考驗。柏拉圖式的愛情只是站在情人的身邊默默的付出，靜靜的守候，不奢望走進，也不祈求擁有。即使知道根本不會有結果，卻依然執迷不悔。也就是這種不求回報的偉大註定了它悲劇的結局。最後，也只能是一條在遠處守候的平行線，只留下回憶中美好的片段當做永恆。這恐怕是世界上最高尚、最美麗的愛情，也是「柏拉圖的永恆」要向我們傳遞的精神。

看一看

選擇A

你是一位害怕寂寞的人，性在你的生活中佔據著很重
要的地位。你喜歡裸體躺在你的情人懷裡，接受他溫
柔的擁抱、愛撫和戲弄，至於要不要「真槍實彈」的
進行一次肉搏戰，就顯得不是那麼重要了。

選擇B

不管事實上你敢不敢做，都說明你是一個把「性」當
做是享樂工具的人。你很喜歡新鮮感，也不希望被人
限制性行為。在你的觀念裡，只要彼此喜歡，就可以
用性愛的方式拉近彼此的距離。你是自由派的性愛
者，屬於性觀念不設防的人，對你而言，沒有性關係
的戀愛，簡直是不可思議。

選擇C

你十分注重雙方精神上的交流，認為喜歡一個人不一定非要發生肉體關係。在你的觀念中，性雖然是人生的樂趣，不過這種樂趣是要建立在彼此的情意相投，才會有的樂趣，「性」對你來講，是精神和肉體的結合，你是沒辦法為了肉慾而去做愛的。

選擇D

你憧憬著羅曼蒂克式的愛情，幾乎從來沒有考慮到性的因素。也就是說，你認為精神上的愛，完全不需要以性來維繫。由此可見，你是「柏拉圖式愛情」最忠實的信徒。

吃套餐

每當工作到中午的時候，大家的肚子早已餓得咕咕叫了。妳來到餐廳，點了一份套餐，當套餐上來之後，妳會先從哪一部分開始吃呢？

A、紫菜湯。

B、生菜沙拉。

C、醃小黃瓜。

D、牛排。

E、米飯。

測一測 | 妳的戀愛技巧和手腕。

【心理解析】性慾和食慾都是人類的本能，是生理需求的一部分。這兩種慾望在心理學上有共通性，吃的方法及過程，就是妳對性的接觸模式的投影。這個測驗就是藉由性慾和食慾的相關性，來推測出妳潛在的戀愛技巧和手腕。

看一看

選擇A

妳是一個天生的戀愛專家，無論什麼型態的戀愛，都在妳的掌控之中。妳深諳男性的心理，時而熱情似火，時而冷若冰霜，男人壓根兒也逃不出妳的手掌心。

選擇B

妳平時在玩樂的時候，很能抓住男人的心。可是真正

遇到讓妳愛得發狂的王子時，妳就會突然變得既緊張又笨拙，還常常會詞不達意。這或許也可以說是妳最可愛的地方！

選擇C

妳是一個十分有計畫的人，即使是談戀愛也不例外。對於妳來說，與其積極地去追求、表白，還不如慢慢地計畫，讓他自動上鉤。如果一切都順利的話，這樣做也未嘗不可。但是人是有思考能力的，不可能總是按照妳的計畫行事，所以妳也因此時常把自己弄得很累，結果還往往令妳失望。

選擇D

妳根本沒有戀愛技巧可言，一旦遇到心儀的對象，就會立刻發動愛情攻勢。妳的眼光準，嗅覺靈敏，好男孩是不會被妳給遺漏的。只要被妳盯上了，妳就會立

刻表白。這種飛蛾撲火般的作法，往往使妳很難如願。還好妳是一個很樂觀的人，即使被拒絕了，也不過是傷心一兩天，又開始搜尋下一個獵物了。

選擇E

很遺憾地告訴妳，妳不會戀愛，更不用說戀愛技巧了。妳即使愛上一個人，也不會採取行動，只會將他放在心坎裡。偶爾想一想，就足夠使妳感到幸福的了。妳應該尋找一個懂得欣賞、喜愛妳長處的善良的男士，大膽表白愛意，圓滿的大結局才有可能上演。

神奇的法術

山東濱海有一座著名的嶗山，層巒疊嶂，林木蔥籠。據說，在那白雲繚繞的嶗山峰頂，居住著一位有道行的仙人。一天，你慕名來到這裡，希望道長傳授你一些法術，道長有四種絕技，你最想學習哪一種呢？

A、能以一身分出幾身、幾十身，乃至千百身的分身術。

B、能夠隱介藏形的隱身術。

C、被稱作「懾魂大法」的催眠術。

D、能測算出你的內心感應的讀心術。

測一測 你是合格的愛情操盤手嗎？

【心理解析】人們在戀愛時往往挑三撿四，選對象如「選股」；這個時候最考驗人，如果選到能成為「潛力股」的「黑馬」，便可以穩穩當當地「賺錢」、「發財」；如果不慎選到「垃圾股」，則只好被「套牢」。在情場上，總有一些高手能輕易地操控情路的去向，而另一部分的人卻因為不瞭解「行情」，使兩個人的關係徹底「崩盤」，不可挽回。下面的測驗就是檢驗你駕馭愛情的能力，一起來看結果吧！

看一看

選擇A

你是一個相對獨立的人，對於愛情，你喜歡玩劈腿的遊戲。你既可以同時周旋於幾個人中間，也可以一個人單獨的過上一陣子。如果和其中的一個人發生了衝突，你就會到另一個人身上去尋找慰藉。你希望生活

面面俱到，又想擁有獨立的自我，總有分身乏術的時候，小心你的愛情崩盤哦！

選擇B

你對愛情有強烈自卑感，逃避是你遇到挫折時第一個想到的念頭。你十分依戀你的另一半，愛情對你來說，就是你生命的全部。為了永遠留住對方的心，你表現得像個奴僕，絕對服從對方，無怨無悔。正是這種卑下的態度，讓你的愛情坎坷不定。其實，能真正給你愛的勇氣的人，是你自己。希望你勇敢突破自我禁錮的牢籠，真正主宰自己的命運！

選擇C

你在外表上表現得很強勢，無論是在愛情還是在生活中總是試圖控制整個局面。在談戀愛的過程中，你自

以為高人一等，一開始就把自己定位在主宰者的地位上，本以為愛情全在你的掌控之中，可是突發的事件總讓你手足無措。心理學家建議：盡量用「我有點不滿」或者「我希望」代替「必須……」，時刻提醒自己對他人為你所做的事情說聲「謝謝」，即使是微不足道的小事。

選擇D

世上雖然沒有十全十美的人，但是在談情說愛方面，你絕對是優秀的操盤手。你的祕訣其實很簡單：擁有獨立的自我意識，懂得適可而止。你是一個善解人意的人，如果對方敬你一尺的話，你會回敬一丈，你懂得如何對待異性的缺點而又不會傷害到對方。

落花滿身

在一次探險中,你來到了一個鳥語花香的河谷,這裡真可稱得上是一處世外桃源。河流兩岸是大片桃花林,只見一片片的桃花隨風飄落,墜落的花瓣落了你一身。此時此刻,你會想些什麼呢?

A、「掉得滿身都是,可真是麻煩!」

B、「多美麗的花啊!就這樣凋謝了,真是可惜。」

C、「花落下來的樣子真好看,就像漫天飄舞的雪花。」

D、「花落得愈多愈好!」

測一測 你會不會用情不專。

【心理解析】一份調查報告指出，人與人之間愛情的保鮮度，最長只有五年，之後兩個人之間的愛情就不再有激情，而屬於習慣性愛情。所以見異思遷也是正常的事，因為那是人的本性，沒有滿足的時候，總希望可以得到最好的。但是真正的愛情也許一輩子就只有一次，千萬不要指望明天會有更好的，還是要學會珍惜眼前的人才對。花朵盛開時雖然嬌豔動人，但是凋零後便隨風而逝，彷彿無常的人生一樣。透過這個測驗，可以知道你對美麗似花的愛情，容不容易見異思遷。

看一看

選擇A

你真是稀有動物，應該立法受到保護！你比楊過還要癡情，比柳下惠還要正經。如果妳是孟姜女的話，萬里長城都得被妳哭得所剩無幾。你的花心程度基本上

等於零，簡直可以說是世上最專情的人。在你眼裡，拈花惹草、紅杏出牆的行為根本就是一種犯罪，所以你絕不會越雷池半步。

選擇B

你是個花心大蘿蔔，出軌是家常便飯。移情別戀對你來說乃是天經地義的事，而且也不會有什麼罪惡感。你會很容易把自己融入感情之中，也會很容易分手，不過你對舊情仍舊會有無限的眷戀。

選擇C

你雖然渴望享受短暫的激情，卻不敢付諸於行動。這並不是你的罪惡感在作祟，而是你太膽小沒有勇氣這麼做，是標準的「只敢看不敢吃」的人，你真是讓人同情！

選擇D

你把愛情當成了遊戲，希望跟不同的人談戀愛。你經常是吃著嘴裡的，看著碗裡的，想著鍋裡的。抱著先找一個，然後再換另一個更好的想法，一旦發現「新大陸」，你二話不說，立即跳走，絲毫不考慮對方的感受。當你的情人，實在是倒楣透頂！

日用家具

能擁有一間自己的住屋實在是令人興奮的事，不過也幾乎把你所有的積蓄都榨光了。你口袋裡的錢所剩無幾，只能買一件生活日用品，在這種情況下，你會選擇購買哪一種呢？

測一測 你容易一見鍾情嗎？

【心理解析】一見鍾情的愛情是一種難度係數最大的愛情模式，從精神分析的角度來說，「一見鍾情」必須具備兩大因素方能成立。一是，對自己的心理與生

理具有某種程度自信的人，當他遇到與自己具有相同特質的異性時，他的心立刻就會被對方深深地吸引。二是，覺得自己的某些方面有待改進的人，當見到擁有自己所欠缺的優點的異性時，就會被打動。這項測驗主要是為了瞭解你是否容易迸出一見鍾情的火花。

看一看

選擇A

你到處放電，對周圍的異性保持著濃厚的興趣，甚至只要對方表白你就會立刻答應。陌生人姣好的面容、挺拔的身材、優雅的談吐，一舉一動都會讓你心中的小鹿四處亂撞。只不過新鮮感一旦消失，你就會毫不猶豫地轉移目標。

選擇B

你的個性自然率真，沒有心機，喜歡跟著感覺走。如果遇到心儀的異性，你就會情不自禁地愛上對方。你

喜歡那種純粹感官的感覺，但是有點遺憾的是，你被電到的機會不是很多，也許是這樣，你才會格外珍惜這些機會。

選擇C

你渴望一見鍾情的感覺，遇見你的靈魂伴侶時，就會有電光石火交會的感受。你看到喜歡的異性雖然會心動，但只會保持觀望態度，因為你相信，細水長流的愛情才能夠長長久久。

選擇D

你對愛情保持著理智的追求，不太相信什麼前世註定，認為那不過是成年人的童話而已。對你來說，僅僅憑著第一印象就瘋狂愛上一個人，是一件超冒險的事情。再加上你喜歡的類型是滿固定的，所以一般異性很難讓你心動。

Love you!!!

冰箱中急於填充的食品

星期天的早晨,妳準備去超市購物。平時妳的工作很忙,必須在這一天購買足夠一個星期消耗的食品。在上街購物之前,妳首先打開冰箱,確認一下哪種食物不足。下面有四類食品,妳認為哪一類是最需要購買的?

A、蔬菜類。

B、肉類。

C、點心類。

D、飲料類。

測一測 **妳招蜂引蝶的願望程度。**

【心理解析】對食物的需求程度和性欲有極密切的關係。在這個測驗中，冰箱裡急於填充的食品，就代表妳在性生活上感覺不滿的部分。妳不滿的程度越高，潛在的招蜂引蝶的慾望也就越高。

看一看

選擇A

蔬菜是知性的象徵。說明妳對目前的他，在學識和修養方面不甚滿意。如果妳遇到氣質優雅、談吐不凡的男性時，心中便會蠢蠢欲動。本質上，妳並不是愛招蜂引蝶的人，之所以會紅杏出牆，往往是被對方引誘所造成的。

選擇B

為什麼出家人要吃素呢？為的是清心寡慾嘛！這正說明肉類是肉慾的象徵，也就是妳對他在性生活上的表現不滿意。由於慾望得不到滿足，妳的內心之中常常會浮現出軌的念頭。也許妳並沒有留意到這種情況，但是這種想法在妳的潛意識裡始終存在。

選擇C

妳認為出軌就像點心般，是再平常不過的事，所以，不論是自動送上門的，還是自己看上的，妳常常會來者不拒。妳雖然很看重性夥伴的外表，但實際上妳真心對待的依舊是妳的伴侶。對於妳，與其說有招蜂引蝶的願望，不如說出軌也是妳認為在感情當中理所當然的一部分。

選擇D

從廣義上而言,飲料類的食品表示對愛情的渴望。妳基本上不是一個熱衷於招蜂引蝶的人,如果妳有了男朋友,即使遇到令妳十分欣賞的人,他也不會成為妳出軌的對象。妳會將現有的這段戀情,轉變成一段真正有充實內涵的戀情。

love you!!

魔法在午夜消失

在格林童話中，一到午夜十二點，灰姑娘的魔法就會消失。但那是外國童話的說法，如果把灰姑娘放在臺灣的話，則會涉及到時差的問題。那麼請問，如果灰姑娘是在臺北的某個酒店參加舞會，她的魔法將會在幾點消失呢？

A、仍舊是午夜十二點。

B、早上六點。

C、因為不知道兩地的時差，所以根本無法判斷。

測一測 **你是否能夠自然地與異性接觸。**

【心理解析】許多人都有過一個時期,和異性交往或多或少都有些緊張,隨著年齡的增長,與異性交往增多,這種緊張感才會慢慢淡去甚至消失。無論如何,想要成就戀愛的第一步,首先要突破與對方在心理上的壁壘或隔閡,這樣戀愛才有可能進行下去。

看一看

選擇A

能夠毫不困難地融入到故事情節當中,把自己視為故事的主角,是善於描繪夢境的人。具備這樣性格的你,對異性有很大的吸引力。在異性的眼中,你有一種獨特的魅力。你不僅有美麗的外表,還具有幽默和大方的個性,而且深諳與人相處之道。無論就心理還是現實而言,都不會造成與異性之間的隔閡。所以,你是屬於那種能夠坦率自然地接近異性的類型。

選擇B

可以說是對異性抱有警覺心的人，在與異性交往時，會產生一種不安的情緒，通常會選擇逃避。由於對異性有過分強烈的疑心病，進而導致自己難以與異性接近。

選擇C

是一個拘泥於形式的人，由於考慮的問題過於實際，常常會使自己變成一個沒有夢想的人。而且，講得稍微難聽一點的話，你這種類型的人稍不注意，就會招致被異性討厭的危險。具備這種性格的人，凡事都要一板一眼、正經八百地去思考衡量。這樣一來，對於與異性接觸或者是談戀愛，由於自己本身刻意保持著不必要的距離，往往很難與異性順利溝通下去。

轉世投胎

據說，陰間的鬼魂在投胎之前都要在孟婆那裡喝一碗湯，這碗湯能令他忘卻前生，轉世投胎。這個神話千百年來被無數人深信不疑，多少個在陽間飽受苦難的靈魂，毫不猶豫地將那碗湯一飲而盡，為的是迎接一個嶄新的人生。真的有前世今生嗎？如果上天給你再來一次的機會，你希望來生變成什麼樣的人呢？

A、揮金如土、一擲千金
　　的富翁。

B、雖然貧窮，但義薄雲
　　天，如果朋友有難，
　　不惜變賣自己珍愛的
　　東西來想辦法的人。

C、極為平凡的普通人。

測一測 你對戀愛的應對模式。

【心理解析】對於戀愛的想法和態度，因人而異。有的人渴望純潔的愛情，所以對待感情十分認真，百分百地付出；有的人卻抱著一種遊戲的態度，一味地追求自己的喜好，絲毫不顧及戀人的感受。透過對本問題的解答，可以探知在你內心當中對於戀愛的應對模式是「認真派」、「現實派」，還是「遊戲派」。

看一看

選擇A

屬於「遊戲派」的類型，強烈傾向於「依追求自我慾求而行動」。從心理學上來說，屬於「無我的性格」。你在這個「無我」的世界中，受快樂原理的支配，對於戀愛也是憑個人的想法而行動。在日常生活中，你對異性充滿了興趣，常常主動搭訕，熱情而開放。同時，你信奉快樂至上的原則，一味地追求自己的歡樂，絲毫不顧及別人的感受。

選擇B

一言以蔽之，屬於「認真派」的類型，做任何事都會「依據良心和道德感而行動」。你具有「超自我」的性格，內心是一個秉持著理想主義為宗旨的世界。即使是談戀愛，也會秉持著倫理觀念進行自我控制，經常是傾向於本著良心來行事的。儘管你的腦海中幻想著各式各樣的愛情畫面，但現實生活中你覺得只要和對方講幾句話就滿足了，甚至連KISS你都會感到良心不安。你絕不會冒險去和萍水相逢的人談戀愛，在面對愛情的時候，家庭給你的影響很大，你是一個容易受束縛不敢敞開心胸去追求愛情的人，一旦談起戀愛，也可能因為你太多的顧慮而談得很辛苦。

選擇C

對待愛情十分理智，行事的方式常常是「按自己原本的性格而行動」。在心理學上，可以歸類於「自我」

的性格，受現實原理的支配。具體地說，此類型的人在戀愛時，往往會根據現實的情況來適度地調整自己的感情，屬於典型的「現實派」。換言之，此類型的人既不會像「無我」般我行我素，也不會像「超自我」那樣苦於受良心的苛責。

小鳥是如何死的？

非洲地區生活著一種有趣的小鳥，牠全身長滿五顏六色的羽毛，宛如一朵盛開的花兒，當地人稱之為「花鳥」。花鳥有唯妙唯肖的模仿特技，牠停留在樹枝上，搖身一變，張開一對翅膀像美麗的「花瓣」，把頭縮在其中當花「蕊」，十分逼真。有一天，非洲客人把一隻可愛的「花鳥」送給了你，你愛不釋手，把牠當作自己最珍愛的朋友，可是這隻給你帶來無盡快樂的小鳥卻不幸死了，你認為是什麼原因導致牠死亡的呢？

A、忘了餵食，把小鳥餓死了。

B、生病死了。

C、從你的手中逃脫，卻不幸成了野貓的美餐。

D、壽終正寢。

測一測　你對交往的對象哪個方面不滿意。

【心理解析】沒有人是十全十美的，人與人相處難免
會產生一些衝突和摩擦。即使衝突沒有公開化，對對
方的不滿也會潛藏在內心深處，並逐漸地明顯成形。
如果處理不當的話，會使問題變得越來越嚴重。因
此，請你將本測驗的結果運用在你個人的情況下，並
加以活用。

看一看

選擇A

連餵食這麼重要的事情都會忘記的話，足見其同情體
諒之心是何等的缺乏。從這類型的心理傾向來看，這
是沒有充分考慮到他人的心情而採取的做法。這表明
你對對方「遲鈍、過分不拘小節的地方」感到不滿。

選擇B

所謂的生病，也可以看做是其體弱的一個證據。選擇

本項答案的人，可是看做是對於對方「消極地、不能依賴的特質」感到不滿。

選擇C

美麗的鳥兒可以看做是你交往的對象，從你的手中逃脫，則暗示著對其他的人心動。你認為從你手中逃脫的小鳥會被野貓咬死，表明你對於「見異思遷的行為是絕不會原諒」的想法。由此可見，你對交往對象「見異思遷」的做法很不滿意。

選擇D

小鳥壽終正寢，乃是其長生的證據。也正是將此過程或行動化成了墨守成規式的。由此可知，在你的潛意識裡，對於交往對象的「墨守成規、不思改變的態度」持有一些不滿。

love you!!!

搭乘雲霄飛車

在美國紐澤西州六旗大冒險樂園裡,有世界上最快、最高的雲霄飛車──「京達卡」,它號稱雲霄飛車之王。在啟動時可以瞬間由零加速至時速206公里,像火箭般直上,過程中有一次270度扭轉,到達139.5公尺高的頂點後猛然俯衝41層樓的高度,還有一次270度的扭動。然後,雲霄飛車又進行第二次攀爬,到達40公尺高,短暫的失重後,透過磁力剎車,全程28秒玩完。試想在二人同乘「京達卡」,體驗那種風馳電掣、有驚無險的快感時,你會有什麼樣的表現呢?

A、盡情地大叫。

B、閉著眼睛不敢言語。

C、心平氣和地享受。

測一測 如果你對異性萌生了愛慕的情愫,是否會壓抑這種情感而保持友誼關係。

【心理解析】搭乘雲霄飛車時,不管是誰的情緒都會變得高昂起來。此處假設二人同乘的情景,乃是在檢驗你的戀愛情感的熾熱程度。換言之,透過選擇的結果可以十分準確地掌握住你對異性心理反應的程度為何。

看一看

選擇A

盡情地大叫,這是激烈高昂的情感的突出表現。此種類型的人對於異性只希望與對方成為戀人而已,而且只希望維持在男女朋友的關係上,感情無法昇華,因此與異性可說是無法以友情而結合的。

選擇B

閉著眼睛不敢言語,是感情抑制的結果。因此,此類型的人即使喜歡上了對方,也會極力控制自己的情感,使雙方的交往進展到友誼這層關係的行為為止。

選擇C

心平氣和地享受,這是用最冷靜的心態採取行動的類型。此類型的人能夠與異性極為自然地交往,不會摻雜任何戀愛感情在內,可以保持良好的友誼關係。

悟空的神通

相傳孫悟空大鬧天宮後，天庭震怒，派楊二郎前來追殺。二郎神騰雲駕霧追到東海之上，發現孫悟空沒了蹤影，原來他施展了神通，變化了模樣。你認為孫大聖會變成什麼呢？

A、變成一隻美麗的白天鵝輕盈地游在水面上。

B、變成一朵嬌豔欲滴的荷花盛開在水中。

C、變成無根的浮萍隨波逐流。

D、變成平滑如鏡的水面。

測一測 你對異性的吸引力。

【心理解析】在人際關係中,異性接觸會產生一種特殊的相互吸引力和激發力,並能從中體驗到難以言傳的感情追求,這種現象稱為「異性效應」。許多人都想成為異性的強力磁鐵,讓自己擁有一身致命吸引力。以下的心理測驗,即是透過你潛意識中的慾望,測出你對異性的致命吸引力指數。

看一看

選擇A

致命指數為99分,你多準備幾支蒼蠅拍吧!身為萬人迷的你對於自己的外貌和氣質深具信心,更懂得在適當的時候放電,因此總是備受「關愛眼神」的困擾。你可能是因為太善良,也可能是喜歡眾星拱月般的感覺,總之你那不懂得拒絕別人的「博愛」個性總是讓真正適合的人覺得你有些輕浮而悄然退場。

選擇B

致命指數為70分，你以內在美見長，欣賞你的人可能真的是伯樂級人物。你外表看起來就像沉靜優雅的粉荷，有些冷峻孤傲，使人難以接近，年輕的小女孩可能會從你身旁呼嘯而過，只有慧眼識金者才能瞭解你的優點，並會瘋狂地愛上你這一點。

選擇C

致命指數35分，你對異性的吸引力不是很大，但是你仍然有一些優點，使異性喜歡跟你在一起。對於愛情，你總能化被動為主動，去追求心儀的對象，而且只專注於眼前的目標，為悅己者容。

選擇D

致命指數10分，很不幸，你並不吸引異性。你的性格十分矛盾，一方面由於無法正確地看待自己，所以顯得有點保守畏縮；另一方面又認為自己知音難逢，很容易將自卑情緒轉化為自戀、自滿的防衛機制。

回到古代

在不久的將來,一家科技公司發明了一種時光穿梭機,可以將現代人送到幾百年前的過去。這家公司的總裁選中了你做為第一個回到古代的幸運兒。你懷著激動的心情坐在時光穿梭機裡,很快就置身在古老的長安街上。當你一臉驚訝地站在幾百年前的土地上,看著一身古裝打扮來來往往的人群時,你想化身成何者?

測一測　對方什麼地方最吸引你。

【心理解析】上面的選項所代表的明顯特徵即是你自己所渴求的要素。更進一步說，這樣子的特徵和相同的要素，構成了你期待對方的要求。換言之，與你潛在受吸引的部分是相互重疊的。

看一看

選項A　　誠實而認真的地方。

選項B　　慷慨大方的地方。

選項C　　胸襟開闊的地方。

選項E　　容貌和思想的地方。

選項F　　感覺很好的地方。

討價還價

週末，你和朋友一起逛街，在一間精品店裡看到一頂自己非常喜歡的帽子，只是價錢有些昂貴，這時，你會怎樣跟老闆講價呢？

A、直接開個價，請老闆便宜點賣給你。

B、讓朋友也買一頂帽子，一起付款價錢便宜些。

C、站在貨架前面按兵不動，直到老闆主動減價。

D、和老闆死纏爛打，來來回回攀談好多次，直到老闆最終同意。

E、覺得討價還價太丟臉，算了，還是忍痛以高價買下來吧！

測一測 讓你必勝的示愛方式。

【心理解析】如何選擇適合你的示愛方式，這需要根據你的性格「量身訂做」。要嘛採取直截了當型：或書信或面談亦或找中間人直接告訴對方我喜歡你，願意和你交個朋友；要嘛採取含蓄委婉型：投石問路，旁敲側擊，既讓對方明白了你的心思，又要點到為止，無論結果如何，彼此都不會沒面子，更不會傷和氣。示愛的學問要說起來很深，但這個測驗突出地針對你個性的特點為你把脈。

看一看

選擇A

「我喜歡妳，一起看電影好嗎？」——單刀直入，不拐彎抹角的示愛方式最適合你。你是那種想做就做的人，直接跟對方表白適合你的性情，小動作做得太多反而會適得其反。只是在向心愛的人表白愛意時，千萬不要太莽撞，以免嚇到對方。

選擇B

「幫個忙，做一次信差，把這封信送給那位小姐。」──你太依賴朋友了，談情說愛別人可是無法代替你的，雖然平時可以找朋友幫你說點好話，但到了表白的時候，你必須拿出勇氣來。

選擇C

「對我而言，世上沒有任何一個女孩比得上妳。」──你做事有點兒無賴，但勝在有耐性，發覺對方面有難色，立刻將其捧上天，不斷採取迂迴戰術。如果示愛時多加些誠意，對方慢慢地就會瞭解你、接受你。

love you!!!

選擇D

「『這個……我……』低著頭竊竊的咕噥幾句，然後把情書交給對方立刻拔腿就跑。」——欠缺自信的你，如果要你坦白示愛實在令你難以啟齒，倒不如寫封情書更有效。你會在信中真摯地表達自己的情感，對方看完後一定會被深深打動。

選擇E

「當心愛的人要坐下時，會立刻掏出手帕為其墊上。」——你是那種期待對方明白你的心意，然後主動向你示愛的人。膽小的你，如果你是男的就太被動了，拿出勇氣向她示愛，才是真正的男子漢嘛！

畫圓

在做這道測驗題之前，請準備好紙和筆。妳先在紙上畫下一個直徑4公分的圓代表妳的另一半，然後，以這圓圈為參照再畫一個圓來代表妳自己，妳將如何畫這個圓呢？

A、畫在第一個圓圈的旁邊，兩個圓完全不相連。

B、兩圓互不相交，在第一個圓圈裡面畫一個小圓圈。

C、兩圓互不相交，在第一個圓圈的外面畫上更大的圈。

D、兩個圓重疊或相交。

測一測　妳是不是個醋罈子？

【心理解析】對待戀愛，有的人很豁達，覺得彼此都處在一個很公平的地位上，有了任何想法都可以隨意去做；有的人則控制慾望十分強烈，甚至伴侶跟異性說句話都要嚴加看管。在心理學上，吃醋的動機產生於恐懼失去愛的心理和擁有必需品的慾望結合之中。它雖然能夠代表你的愛，但是如果太過分了，只會讓你的另一半落荒而逃。

看一看

選擇A

妳對愛情真的很豁達，不會輕易吃醋。妳認為愛情是妳的就是妳的，不是妳的強求也沒用，所以妳絕不會採取緊迫盯人的方式來經營妳的感情。妳認為每個成年人都要對自己的行為負責，不需別人用言語和行動來制裁。雖然妳有時也會有酸溜溜的感覺，但是從來不表現出來。在別人眼裡，會覺得妳一點兒都不愛

他，甚至連妳的情人也會有這樣的感覺，其實妳心裡是非常愛他的，只是妳不想讓愛成為枷鎖罷了。

選擇B

妳可是個蠻會撒嬌的小女人，對於情人和異性無傷大雅的打情罵俏，妳不會很計較，甚至有時妳也會湊上前去來上幾招，增添點生活情趣。如果妳的愛人因此而認為妳不會吃醋，或愛情觀念開放，那可就大錯特錯了！其實，妳的醋勁滿大的，「臥榻之上，豈容他人安睡」，妳絕對不能容忍與他人「分享」自己的愛人。

選擇C

妳的眼睛裡容不下一粒沙子，在愛情上，妳可以說是非常小氣，簡直可用「超級醋罈子」來形容妳。妳恨

不得在自己的腦袋上安上雷達,時刻監視愛人的一舉一動。如果情人要是和別的異性多說上兩句話,或是多看異性幾眼,妳的吃醋本色立刻就會暴露出來,醋罈子打翻在地,不爽的心情蔓延到臉上,甚至氣得臉色發青。強烈建議妳:如果真的愛他就應該瞭解他的想法,而不是幫他決定一切。

選擇D

妳是一個有思想的現代女性,算是個很會享受愛情的人物。妳十分懂得信賴與尊重對方,會把彼此的關係處理得恰到好處。妳們夫唱婦隨,是一對典型的模範夫妻。

清晨走入客廳

好不容易到了週末，妳舒舒服服地睡了一個懶覺。當妳睡醒後，伸著懶腰走到客廳時，客廳裡最吸引妳目光的是什麼呢？

測一測　妳是不是個愛情狂？

【心理解析】心理學上認為，愛情是人際吸引最強烈的形式，使身心成熟到一定程度的個體對異性個體產生富有浪漫色彩的高級情感。當兩性之間的關係有了進一步發展時，吸引力就產生了。當吸引力或浪漫愛情產生後，我們常常會失去理性思考的能力，俗話說「愛情是盲目的」就是這個道理。進入這個階段後，我們常常察覺不到對方的缺點，將對方理想化，而且無法將對方從腦海中抹去，為了對方赴湯蹈火也在所不辭，於是，「愛情狂人」便因此產生了。妳想不想知道自己是不是個「愛情狂人」呢？那就快點來看結果吧！

看一看

選擇A

你的信條是——「戀愛的季節裡，不努力工作的人是可恥的」。沒有愛情，你照樣活得很好。你是個超級

工作狂，責任感很強，一旦事情交到你手裡，上刀山下火海，也要完成。你的腦子裡想的全是工作，愛情只不過是你工作過後的精神寄託罷了。

愛的忠告：愛情與事業雙雙豐收，才是真正成功的人生。有了愛情的滋潤，你才會工作得更好！

選擇B

你的信條是──「生命誠可貴，愛情價更高」。沒有愛情，你會死得很慘。為了愛情你可以犧牲一切，甚至還可以犧牲別人的一切。你是那種為愛而活的人，做什麼都以愛情為出發點，對你來說，沒有愛的生活完全沒有意義。

愛的忠告：你這個愛情狂人，千萬別為了愛而耽誤了自己的學業和事業哦！

選擇C

你的信條是——「愛你不如愛自己」。沒有愛情，你會選擇愛自己。你是一個堅強獨立的人，愛自己勝過愛他人。你認為自己是「特殊」的和獨一無二的，因此，總是沉湎於無限成功、權力、光輝、美麗，或理想愛情的幻想中。

愛的忠告：不要太自戀啦！客觀地面對現實，努力尋找自己的靈魂伴侶吧！

選擇D

你的信條是——「今朝有酒今朝醉」。沒有愛情，你會變得放縱。在感情上，你是一個遍體鱗傷的人，由於不再相信愛情，你開始用放任的態度來對待一切，不斷尋找新的刺激來麻醉自己的神經。

愛的忠告：你要注意啦！如果再也找尋不到讓你找回自信的方式以及積極的人生態度，你就有可能會從此消沉下去！

最佳的放鬆方式

下列四種情況，哪一種是你最喜歡的？

測一測　你的愛情抗體有多高？

【心理解析】有人說，上帝賜與人類最棒的禮物，叫做「情感」，讓每個人都抵擋不了愛情的誘惑，甚至深陷其中無法自拔。談了幾次戀愛之後，多多少少會因為過去的感情體驗，而改變或影響了日後對愛情的接受程度，這就是所謂的「愛情抗體」。想要在愛情中「死裡逃生」，那就得透過以下的測驗，來看看你的愛情抗體有多高。

看一看

選擇A

愛情抗體：☆☆☆。你注重自我，遵從內心的需要，因此只要對方能夠給你足夠的愛的感覺，你便會無視客觀因素投入愛河。你不太喜歡受拘束，在戀情上，通常是隨遇而安，所以你的另一半由朋友轉變為情人的成分極高。只要投你所好，加上長期關心，很快就能擄獲你的心。當然，一旦客觀事實限制了你的愛

情，比如對方已有配偶、家庭，你就會轉身離開，愛與不愛都一樣自如。

編輯建議：喜歡自由不代表能隨意處置別人的感情。玩歸玩，該認真的時候還是要認真對待。

選擇B

愛情抗體：☆☆☆☆☆。你是個很重視自我感覺的人，沒興趣的東西你不屑一顧；相對的，只要是你想要的，想盡辦法也要得到，其瘋狂程度會令人瞠目結舌，對於愛情亦然。你發生婚外情或成為第三者的可能性也比一般人要高，只要是你想要的愛情，你就會絞盡腦汁設法得到，否則絕不放手。這樣的你，很容易在愛裡受傷。

編輯建議：當一段感情陷入拉鋸戰時，多關注一些生活中其他有意義的事情，愛情並不是衡量一切的標準。

選擇C

愛情抗體：☆☆☆☆☆☆。你是個外表看似隨和其實內心十分剛強的人，總是認為「道不同不相為謀」，所以你選擇的戀人通常是能夠一開始就和你談得來的人。理智而堅強的你，不會輕易付出自己的感情，但是在潛意識裡並不缺乏浪漫與激情。所以，如果對方是你心目中完美戀人的形象，你就會突破世俗的偏見，無視他人的看法，可以說是死心塌地的典型。

編輯建議：不要帶有偏見去看人，一開始被你鄙視的對象，也許在很多年之後你才會發現其實他就是你的真命天子。

選擇D

愛情抗體☆☆☆☆。你有時憧憬著童話式的浪漫情緣，有時又嚮往石破天驚轟轟烈烈的偉大愛情。你喜歡尋求刺激，不過所幸還夠理智，幻想歸幻想，現實生活中你也會腳踏實地。在你身上發生戲劇性愛情的

機率不是很高，因為你總是深思熟慮、三思而後行。當然，如果遇到令你窒息的對象，你也會被打動，決心冒險一試。一旦發現那不是自己想要的幸福，也會理智的抽身離開。

編輯建議：自卑有時會讓你白白失去很多良機，無論你怎樣的愛一個人，前提是要愛自己。讓自己生活得好，才會在愛情的世界裡享有完整的精神獨立。

國家圖書館出版品預行編目資料

愛情測驗好好玩／腦力&創意工作室編著.

第一版──臺北市：知青頻道出版；

紅螞蟻圖書發行, 2009.12

面 ； 公分. ── (Brain；10)

ISBN 978-986-6643-96-5 (平裝)

1.心理測驗 2.戀愛

179.1 98020256

Brain 10

愛情測驗好好玩

編 著／腦力&創意工作室

美術構成／引子設計

校 對／朱慧蒨、楊安妮

發 行 人／賴秀珍

榮譽總監／張錦基

總 編 輯／何南輝

出 版／知青頻道出版有限公司

發 行／紅螞蟻圖書有限公司

地 址／台北市內湖區舊宗路二段121巷28號4F

網 站／www.e-redant.com

郵撥帳號／1604621-1 紅螞蟻圖書有限公司

電 話／(02)2795-3656 (代表號)

傳 真／(02)2795-4100

登 記 證／局版北市業字第796號

數位閱讀／www.onlinebook.com

港澳總經銷／和平圖書有限公司

地 址／香港柴灣嘉業街12號百樂門大廈17F

電 話／(852)2804-6687

新馬總經銷／諾文文化事業私人有限公司

新加坡／TEL:(65)6462-6141 FAX:(65)6469-4043

馬來西亞／TEL:(603)9179-6333 FAX:(603)9179-6060

法律顧問／許晏賓律師

印 刷 廠／鴻運彩色印刷有限公司

出版日期／2009年12月 第一版第一刷

定價180元 港幣60元

ISBN 978-986-6643-96-5 Printed in Taiwan